由南京大学郑钢基金资助出版

折射集
prisma

照亮存在之遮蔽

Emmanuel Levinas

Éthique et Infini:
Dialogues avec Philippe Nemo

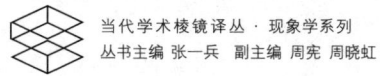
当代学术棱镜译丛 · 现象学系列
丛书主编 张一兵 副主编 周宪 周晓虹

伦理与无限:
与菲利普·尼莫的对话

［法］伊曼努尔·列维纳斯 著 王士盛 译 王恒 校译

南京大学出版社

《当代学术棱镜译丛》总序

自晚清曾文正创制造局,开译介西学著作风气以来,西学翻译蔚为大观。百多年前,梁启超奋力呼吁:"国家欲自强,以多译西书为本;学子欲自立,以多读西书为功。"时至今日,此种激进吁求已不再迫切,但他所言西学著述"今之所译,直九牛之一毛耳",却仍是事实。世纪之交,面对现代化的宏业,有选择地译介国外学术著作,更是学界和出版界不可推诿的任务。基于这一认识,我们隆重推出"当代学术棱镜译丛",在林林总总的国外学术书中遴选有价值篇什翻译出版。

王国维直言:"中西二学,盛则俱盛,衰则俱衰,风气既开,互相推助。"所言极是!今日之中国已迥异于一个世纪以前,文化间交往日趋频繁,"风气既开"无须赘言,中外学术"互相推助"更是不争的事实。当今世界,知识更新愈加迅猛,文化交往愈加深广。全球化和本土化两极互动,构成了这个时代的文化动脉。一方面,经济的全球化加速了文化上的交往互动;另一方面,文化的民族自觉日益高涨。于是,学术的本土化迫在眉睫。虽说"学问之事,本无中西"(王国维语),但"我们"与"他者"的身份及其知识政治却不容回避。但学术的本土化绝非闭关自守,不但知己,亦要知彼。这套丛书的立意正在这里。

"棱镜"本是物理学上的术语,意指复合光透过"棱镜"便分解成光谱。丛书取名"当代学术棱镜译丛",意在透过所选篇什,折射出国外知识界的历史面貌和当代进展,并反映出选编者的理解和匠心,进而实现"他山之石,可以攻玉"的目标。

本丛书所选书目大抵有两个中心:其一,选目集中在国外学术界新近的发展,尽力揭橥域外学术20世纪90年代以来的最新趋向和热点问题;其二,不忘拾遗补阙,将一些重要的尚未译成中文的国外学术著述囊括其内。

众人拾柴火焰高。译介学术是一项崇高而又艰苦的事业,我们真诚地希望更多有识之士参与这项事业,使之为中国的现代化和学术本土化做出贡献。

丛书编委会
2000年秋于南京大学

目 录

1 / 前　言

4 / 一、《圣经》与哲学

15 / 二、海德格尔

22 / 三、"il y a"

28 / 四、存在之孤独

35 / 五、爱与子

43 / 六、秘密与自由

49 / 七、脸

56 / 八、对他人的责任

63 / 九、见证之荣耀

69 / 十、哲学之难和宗教之慰藉

79 / 译后记

前　言

本书中的访谈是1981年2、3月由法国文化广播电台录制并播出的,出版时做了一些小的修缮和补充。它们简洁地展现了伊曼努尔·列维纳斯的哲学。这里的标题"伦理与无限"或可概括列维纳斯思想之要旨。这十次访谈追溯了列维纳斯思想的发展:从他的学生时代开始,一直到他新近的一系列专门讨论上帝问题的文章——这些文章刚刚被结集出版①——中间经过了他的两部虽简短却重要的作品,《从存在到存在者》②和《时间与他者》,以及两

---

① *De Dieu qui vient à l'idée*, Vrin, 1982.——原注
中译本请参见:《论来到观念的上帝》,王恒、王士盛译,商务印书馆,2019年。——中译注

② *De l'existence à l'existant* (Fontaine, 1947; Vrin, Deuxième édition, Paris, 1993),中译本请参见:《从存在到存在者》,吴蕙仪译,王恒校,江苏教育出版社,2006年。——中译注

部主要的哲学著作,《总体与无限》①和《异于存在或本质之外》②。

这本导读书虽简短——列维纳斯哲学的很多方面都没涉及——却是忠实的。因为这个导读是由作者本人写作的,其中,作者采取了一个普遍的视角来关照其作品,并且对其论证进行了表述上的简化,而不是选择躲在他自己的名声和作品清单之后。所以说,作者这里的导读完全不同于学院中流俗的虚言和妄语。因此,这份导读是忠实的——在如下意义上:它以其忠实向话语保证了它的作者的在场。③

在评论柏拉图的《斐德罗篇》时,列维纳斯自己就经常坚持作者——作为话语的父亲——的这种主权和这种谦虚:他以口头的方式捍卫一个被挑战和被误解的书面话语,让它重新运作起来,并让其经历当下的考验,经历他人的考验——毕竟,它最终就是要说给那当下实际在场的他人的。从这个意义上讲,在这种情况下,活着的作者的说(dire)证实了完成了的作品之既说(dit),因为只有他可以另说既说,并从而提高其真理性。作者,在论说他的思想时,决定他所想要再说(redire)的。诚然,作者有时对对话者的要求做了让步,然而,这些让步却让作者一直最珍视的东西更加清晰

---

① *Totalité et infini. Essai sur l'extériorité* (Martinus Nijhoff, La Haye, 1961, Phaenomenologica v. 8),中译本请参见:《总体与无限》,朱刚译,北京大学出版社,2016年。——中译注

② *Autrement qu'être ou au-delà de l'essence* (Martinus Nijhoff, La Haye, 1974, Phaenomenologica v. 54),中译本请参见:《另外于是,或,在超过是其所是之处》,伍晓明译,北京大学出版社,2019年。需要说明的是,虽然我们理解并且在很大程度上认同伍晓明教授分别用"是"以及"是其所是"来翻译"être"和"essence"的做法,但书名我们还沿用"异于存在或本质之外"这个译法。——中译注

③ 典出柏拉图《斐德罗篇》276d – e。——中译注

地显示了出来。这正是列维纳斯回答我们的问题时所要做的那种践习。诚然,我们在这里所提的这些问题并非意在促请列维纳斯谈论他长期以来一直在其著作中探讨的主题之外的主题,然而,这却并没有阻碍作者进行全新的拓展或澄清。

伊曼努尔·列维纳斯是最卓越的伦理哲学家,甚或可以说,他是当代思想中唯一的道德哲学家。但是,对于那些认为伦理学是一个专门的学科领域、认为列维纳斯是伦理学学科专家的人来说,在阅读他的其他作品之前,将能从本书领会到如下基本观点:伦理学是第一哲学,形而上学的其他分支都是在它这里获得各自意义的。因为第一问题乃是正义问题;因为正是通过正义问题,存在得以被撕裂,人得以被确立为"异于存在"和在世之超越;因为若无正义这一问题,思想所有其他的考问都不过是虚空和捕风。

菲利普·尼莫

伊曼努尔·列维纳斯于1906年1月出生于立陶宛考纳斯(Kaunas)。于立陶宛和俄罗斯完成中学教育。1923年至1930年在法国斯特拉斯堡大学哲学系学习。其间,于1928—1929学年赴德国弗莱堡大学随胡塞尔和海德格尔学习。1930年入法国籍。哲学教授,东方以色列师范学院院长。曾先后任法国普瓦提埃大学(1964—1967)、巴黎第十大学(1967—1973)和索邦大学(1973—1976)哲学教授。

一、《圣经》与哲学

菲利普·尼莫：人如何开始思考？是通过经历一系列的原发性的事件之后自己向自己所提的、关于自己的问题？还是通过所接触到的思想和作品？

列维纳斯：人的思考可能始于创伤或探索，一些我们甚至不知道如何用语言表达出来的创伤或探索：一次分离、一个暴力场景，或突然意识到时间的单调乏味。正是通过阅读书籍——不一定非得是哲学书籍——这些最初的冲击变成了疑问和问题，变成了思考的对象。经典在这里可能会非常重要。我这么说并不是因为我们可以在经典中学到词语，而是因为在经典中我们可以去过"那不在场的真实的生活"①、那恰恰并非乌托邦的"不在场的真实的生活"。我认为，由于极其拒斥书呆子这一形象，人们低估了人"在存

---

① 列维纳斯曾在《总体与无限》第一章第一节中对"不在场的生活"做过更详尽的阐发。——中译注

在论意义上"对书籍的诉求,从而将书籍当成了一种信息的来源,或者当成了学习"用具",当成了实用手册——虽然实际上,书籍乃是我们存在的一种方式。事实上,阅读,就是越出实在论——或政治——也就是超出我们对我们自己的关注,而又不自矜于美好灵魂的善良意志,亦不自矜于"应该如何"这类规范性的观念。在这个意义上,《圣经》对我来说是最卓越的书。

菲利普·尼莫:那么,您最初遇到的伟大书籍是哪些?是《圣经》,还是哲学书?

列维纳斯:《圣经》很早就开始读了;哲学文本最早是在大学时接触到的——此前也曾在高中时念过一点心理学,并在一门叫"哲学入门"的课上读到过几页关于"哲学观念论"的内容。但是,在《圣经》和哲学家之间,还有俄语经典:普希金、莱蒙托夫、果戈理、屠格涅夫、陀思妥耶夫斯基和托尔斯泰。此外还有西欧的伟大作家,特别是莎士比亚,尤其令我赞慕不已的是他的《哈姆雷特》《麦克白》和《李尔王》。哲学问题,作为人之意义这一问题,作为对著名的"生命的意义"的追寻这一问题——俄国小说家的角色所一再追问的正是这一问题——对列在哲学本科教学大纲中的柏拉图和康德,是一种很好的准备吗?要看到这一承接,需要时间。

菲利普·尼莫:在您这里,《圣经》的和哲学的这样两种思的方式是如何达成一致的?

列维纳斯:它们需要去达成一致吗?我所领受到的宗教感觉更加在于对书籍——《圣经》及其可以追溯到古代拉比思想的传统评论——的尊重,而不怎么在于某种确定的信仰。我这话的意思并不是说:我所领受到的这种宗教感觉是一种弱化了的宗教感觉。

《圣经》是最卓越的书,此书说出了那最初的事情、那若要人的生命有意义就必须被说出的事情;而且,这里的说所采取的是这样一种形式,它给评论者们开启了多种维度的深度本身——上述这种我所接受到的(宗教)①感觉并非仅仅是在用一种文学意义上的判断代替对"神圣"的意识。对我而言,正是《圣经》人物的这一超乎寻常的在场,正是这一伦理性的饱满以及这些神秘的解释的可能性,原初地示意着超越。这一点毫不含糊。将解释学及其大胆的实践看成是或感觉为宗教生活和礼拜仪式(liturgie),这非同小可。大哲学家的文本,在阅读时如果能给解释以足够的地位,在我看来,趋近《圣经》处比背离《圣经》处要多——尽管《圣经》中的诸主题的具体性(concrétude)不会直接地反映在哲学著作的页面上。实际上,我一开始就不认为哲学本质上是与上帝无关的(athée),而且我今天也不这么认为。诚然,在哲学中,经文不再能代替证据,然而,经文中的上帝——尽管《圣经》文本中充满了诸多的神人同形同性的比喻——对哲学而言却依然可以是精神的尺度。

菲利普·尼莫:实际上,可以将您后来的作品解释为将《圣经》神学的本质内容与哲学传统及哲学语言进行调和的尝试。您的两个"图书馆"之间一定不止于和平共处吧?

列维纳斯:我从来不曾有意识地去"调和"或者说"融合"这两种传统。如果它们做到了和谐相处,这大概是因为所有的哲思都是奠基于前-哲学的经验的,而于我,对《圣经》的阅读就属于这些奠基性的经验。因此,对《圣经》的阅读在我的哲思方式中发挥了

---

① 圆括号内的楷体字是中译者为补足语义而添加的,下同。——中译注

至关重要的作用——虽然在很大程度上我并没有意识到这一点。我的哲思方式就在于：通过向所有人说而思。但是，对我而言，标志着《圣经》这种奠基经验的宗教深度的，还有这一明确体认：《圣经》所讲述的神圣历史并非仅仅是一系列已经完结了的事件，而是与犹太人当今在世界上的流散这一命运有着直接的、现时的关系的。

所有理智性的怀疑——比如怀疑这一古老的书中的其他某个地方隐含着教条主义——在放到真实的犹太历史的凝重苦难中时，都会失去其全部的意义和效力。在任何时刻，西方哲学传统在我看来都不曾失去其最终的裁判权，一切都必须用它的语言来表达；但是，或许它并不是存在的第一意义之所在，并不是意义的开始之处。

菲利普·尼莫：我们来看看这个传统。您阅读的第一批哲学家都有谁？

列维纳斯：在来法国学习哲学之前，我就阅读过那些伟大的俄国作家们——这一点我向您提过。与具体的哲学文献和哲学家的严肃接触是在斯特拉斯堡①。十八岁的我在那里遇见了四位教

---

① 列维纳斯于1923入法国斯特拉斯堡大学哲学系读本科，并于1929年以论文《胡塞尔现象学中的直观理论》(*Théorie de l'intuition dans la phénoménologie de Husserl*, Félix Alcan, 1930; Vrin, Troisième édition, Paris, 1970)获博士学位。其间，曾于1928—1929学年到德国弗莱堡大学随胡塞尔和海德格尔学习现象学。——中译注

授,他们在我心中有着无与伦比的德望:夏尔·布隆代尔①、莫里斯·哈布瓦赫②、莫里斯·布拉丁③和亨利·卡德隆④。人,就该是这样!——每当回想那段如此丰富,而且我的一生都不曾将其否定的生命时光时,我都会忍不住在心里做此天真的感叹。莫里斯·哈布瓦赫教授在法国被纳粹德国占领期间殉难了。正是与这些大师的接触向我展示了理智上的诚实和智慧这等伟大的美德,以及法国大学的清晰和优雅。我开始了解伟大的哲学家柏拉图和亚里士多德,笛卡尔和笛卡尔主义者们,以及康德。但是,在二十年代,斯特拉斯堡大学的古典学院还不教授黑格尔!在我看来,教得最多,也最为学生们所关注的,是涂尔干和柏格森。大家争相引用的是他们,大家反驳的是他们。他们毫无疑问是我们的老师们的教授。

菲利普·尼莫:您把涂尔干的社会学思想和柏格森的纯粹是哲学的思想放在同一个层面?

列维纳斯:表面上看,涂尔干所开创的是一种经验的社会学。

---

① 夏尔·布隆代尔(Charles Blondel, 1886—1939),毕业于巴黎高等师范学院,法国哲学家、心理学家。在 1985 年的一次访谈("Emmanuel Levinas se souvient ... ", in Les Nouveaux Cahiers, Automne 1985, n° 82, p. 30 - 35)中,列维纳斯称,多亏了布隆代尔,他才与心理分析保持了距离。——中译注

② 莫里斯·哈布瓦赫(Maurice Halbwachs, 1877—1945),法国社会学家、历史学家。涂尔干的弟子和年轻同事,涂尔干学派第二代的重要代表人物。——中译注

③ 莫里斯·布拉丁(Maurice Pradines, 1887—1958),法国哲学家、心理学家。——中译注

④ 亨利·卡德隆(Henri Carteron, 1891—1929),法国哲学家。在1985年的访谈("Emmanuel Levinas se souvient ... ")中,列维纳斯称是卡德隆使他明白了什么是基督教。而且,列维纳斯将自己的博士论文(Théorie de l'intuition dans la phénoménologie de Husserl, Félix Alcan, Paris, 1930)题献给了他。——中译注

但是，他的作品也表现为一种"理性的社会学"，表现为对社会的根本范畴的划分，表现为我们今天会称为一种"社会的观念论"（éidétique de la société）者。它是从这样一种基本观念出发的：社会性（le social）不能被还原①为所有个体之心理的总和。（在这个意义上，完全可以说）涂尔干是形而上学家！他认为社会性（le social）是精神的秩序（ordre）本身，是存在中的新的构结（intrigue）②，是超出动物性的和人性的心理的；他严格地界定了"集体表象"（représentations collectives）这一层面，并由此打开了个体生活本身中的精神维度——只有在此维度中，个人才能被承认，甚至才能被释放出来。涂尔干那里，在某种意义上，有一种关于"存在之不同层面"的理论，一种关于这些层面之不能相互还原的理论，这一观念的意义，在胡塞尔和海德格尔的理论语境中，获得了完满的展开和实现。

菲利普·尼莫：您刚才还提到了柏格森。他对哲学的主要贡献在您看来是什么？

列维纳斯：绵延理论。对钟表时间之首要地位的摧毁；物理时间只是一种次生性的时间这一观念。柏格森确认了绵延的优先地位，他确认了：这种不能还原为线性而同质之时间的绵延在存在论意义上——而非仅在心理学意义上——是具有优先地位的；要是没有这种确认，海德格尔就不会敢于去构想此在的有限的时间

---

① 还原在这里并不是指作为现象学方法的还原，而是在日常意义上使用的，相当于"化约""化简""化归""归结"等。也可以说是通常所谓的"还原论"意义上的还原。——中译注

② "intrigue"是列维纳斯后期所锻造的一个核心术语，关于此术语的说明以及译名的拣选，可参考《论来到观念的上帝》中译本第 8 页的译注。——中译注

性——尽管二人对时间的构想显然被一种根本的差别区分开了。将哲学从科学时间这一备受尊崇的模型中解放出来,这一巨大贡献是柏格森做出的。

菲利普·尼莫:但是,对柏格森的阅读,是出于什么样的更加个人的问题或者说不安呢?

列维纳斯:当然是出于一种恐惧,一种处于一个没有可能之新事(nouveauté)、没有希望之将来的世界中,处于一个一切都已事先规定好了的世界中的恐惧;出于那古老的对命运——不管是普遍的机械论,还是荒谬的命运——的恐惧,因为将要发生的事在某种意义上已经发生过了!① 柏格森则与这些截然相反:他使得时间之本己的(propre)和不可还原的现实性得到了彰显。我不知道今天最前沿的科学是否仍将我们禁闭在一个"全无新事"的世界里。我认为,至少,现代科学向我们保证了它自己视野的更新。但是,教导给我们关于新之灵性(la spiritualité du neuf)者大约可以说是柏格森,这新之灵性就是:"存在"从现象中脱离出来进而成为"异于存在"。

菲利普·尼莫:完成学业后,您在哲学方面想做的是什么?

列维纳斯:我当然是想要"做哲学"的,可是,除去纯粹的教学活动,再除去出书这种虚荣,"做哲学"到底意味着什么呢?是去从事作为经验科学的社会学——涂尔干向他的学生推荐和要求的那种已由他本人阐释清楚了其先天结构(a priori)的社会学?还是去

---

① 对此,可参考《总体与无限》中译本第 206 页及《论来到观念的上帝》中译本第 28—29 页。——中译注

重复——抑或微调——柏格森那已完成、已完结,且已完满如一首诗的作品?正是在胡塞尔这里,我发现了"做哲学"这一可能性本身的具体意义,一种既不是一上来就被封闭在某个理论教条的体系中,也不是在凭混乱的直观冒险前进的"做哲学"之方式的具体意义。我的印象是,这既是一种开启(ouverture),又是一种方法;我感觉这种不必"离经叛道"就能进行的哲学追问和哲学研究很适当,也有合法性。这一点无疑是胡塞尔所传递的哲学意味中第一个吸引人的地方,也就是"哲学作为严格的科学"这一说法所传达的东西。不过,胡塞尔的作品征服我,靠的却并不是这个有些形式化的诺言。

菲利普·尼莫:您是怎样接触到胡塞尔的作品的?

列维纳斯:纯粹出于偶然。在斯特拉斯堡,佩费小姐,一位年轻的同学——后来我们合作翻译了胡塞尔的《笛卡尔式的沉思》①——向我推荐了她正在读的一个文本,我想应该是《逻辑研究》,她当时在做一篇关于胡塞尔的硕士学位论文。于是我便开始

---

① 此书是从胡塞尔应邀于1929年2月在法国巴黎索邦大学所做的讲演扩写而来的。之后,胡塞尔请他的学生、时任法国斯特拉斯堡大学哲学系教授的Jean Héring选定加布丽埃勒·佩费(Gabrielle Peiffer)和伊曼努尔·列维纳斯为法文版的译者(其中,佩费女士负责翻译第一到第四沉思,列维纳斯负责翻译第五沉思),并选定胡塞尔的学生亚历山大·柯瓦雷(Alexandre Koyré)为法译本校对者。译本1931年由法国Librairie Armand Colin出版社以"Méditations cartésiennes"为名出版[此法译本1947年转到Librairie J. Vrin出版时加上了副标题"现象学导论"(Introduction à la phénoménologie)]。德文版(*Cartesianische Meditationen und pariser Vorträg*, Husserliana Band 1, Martinus Nijhoff, Haag)直至1950年才获出版。中译本请参见:《笛卡尔式的沉思》,张廷国译,中国城市出版社,2002年。关于此书的更多介绍及探讨可参见倪梁康《胡塞尔〈笛卡尔式的沉思与巴黎讲演〉(1931年)的形成始末与基本意涵》一文,《现代哲学》,2019年第1期,第90—96页。——中译注

阅读，一开始非常困难，花了很大的力气，坚持了很久，而且是在没有指南的情况下。胡塞尔的基本真理是一点一点地在我脑海中浮现出来的。对于这些基本真理，直至今日我仍笃信不渝——尽管我虽遵循了胡塞尔的方法，但对于他所开创的学派的戒律却没有尽皆遵守。

这些基本真理中，最首要的，是一种 sich zu besinnen（自身思义）的可能性，理解自身，或者反观自身，直截了当地提问"我们现在是个什么情况？"，做总结。超出了本质直观、超出了风靡一时的 Wesenschau（本质直观）的最广义的现象学指的或许就是这个。这是一种着落于自我的、彻底的反思，是一种追寻自我、描述自我的我思（cogito），这个我思不为任何的自发性、不为任何现成的在场所迷惑，对自然地加给认识的东西保持高度的警惕；这个我思构造世界和客体，虽然这被构造的世界和客体的客体性实际上会堵塞并阻滞那去规定它们的目光。必须永远都从这一客体性回升到那瞄向这客体性的所有思之整全视域和意向之整全视域，因为这客体性遮蔽了这些视域，或者使得这些视域被遗忘了。现象学就是对这些被遗忘了的思——这些被遗忘了的意向——的提醒；就是完满的意识，就是向那在世界中的思之被潜在地理解的——被误解的——诸意向的回归。现象学，作为一种彻底的反思，对于真理是必要的，即使对这一反思的切实践习难免会暴露其边界。现象学是哲学家——不带幻想地、不带修辞地——在事物真实状态（statut）中的在场；通过澄清这一状态以及事物之客体性、之存在的意义，现象学不仅回答了"是什么"这一问题，还回答了"存在的东西如何存在、存在者存在意味着什么？"这一问题。

现象学的工作方法——对被遮蔽的思之意向的点醒——在我看来也贡献出了一些在所有的哲学分析中都不可或缺的观念。首先，现象学方法给了意识的意向性这一中世纪构想以新的生命力：若不顾及意识所"朝向"(prétendre)的对象，"所有的意识都是关于某物的意识"是无法被描述的。意向性的瞄向并不是一种认知，而是于其情感和意愿中——在其动力本身中——即是被"触发性地"(affectivement)或"主动地"界定的。这是西方思想中针对理论(le théorétique)之优先地位所进行的第一次根本性的质疑。这一质疑尤其在海德格尔对工具的描述中得到了令人瞩目的延续。其次，还有这样一个与意向性相关的、同样作为现象学之根本特征的观念：意识通达对象的方式本质上取决于对象的本质。① 即使是上帝自己，要想认识一个物质性的东西，也只能绕着它转才能做到。② 存在决定通达存在的方式。对存在的描述应当包含对通达存在之方式的描述。我认为这一观点中也预示了海德格尔的思想。

菲利普·尼莫：既然您全部作品的核心就在于作为伦理的形而上学(la métaphysique en tant qu'éthique)，那么，我想，对于您来说，胡塞尔那里能直接借鉴的东西好像并不多，因为他的沉思最关注的领域更多地是世界及其构造，而非人及其命运。

列维纳斯：您忘记了我刚才所说的在胡塞尔那里价值性的意向性(l'intentionalité axiologique)的重要性；价值(这一特征)并不是在对认知进行修正后附加到存在者之上的，而是来自意识的一

---

① 可参考列维纳斯《论来到观念的上帝》中译本第165页。——中译注
② 可参考胡塞尔在《纯粹现象学通论：纯粹现象学与现象学哲学的观念》第1卷边码第315页中所做的阐述。——中译注

种特殊态度,来自一种非理论性的意向性,一种一上来就不可被还原为知识的意向性。在这里,在胡塞尔本人关于伦理问题、关于与他人的关系所说的那种一直是表象性的(représentative)①东西(尽管梅洛-庞蒂曾尝试对此做出另样的阐释)之外,尚有一种能够被开发出来的、蕴藏在胡塞尔思想中的可能性。与他人的关系可以作为一种不可被还原的意向性被探求——即使这么做最后会看到意向性的破裂。

菲利普·尼莫:这正是您的思想的主线索。请问您是否结识了胡塞尔?

列维纳斯:我曾在弗莱堡听过他一年的课。在那不久前他已退休,不过还在开课。我有幸接近了他,他亲切地接待了我。当时,与他的谈话,在学生的几个问题或回答之后,便成为大师的独白了:他总是急切地想要提示他思想的根本要点。但他有时候也会发挥开来,进入手稿中未发表的、具体而微的现象学分析中去。由我已故的杰出友人凡·布雷达神父组织和指导的鲁汶胡塞尔档案馆已经编辑并出版了这些手稿中的很大一部分。我在胡塞尔那里听的是1928年关于现象学心理学之基本构想的课,以及1928年至1929年冬季学期关于交互主体性构造的课。②

---

① 或可译为"再现性的"。——中译注

② 1959年,在纪念胡塞尔100周年诞辰的纪念性文章《表象的崩塌》中,列维纳斯曾比较详细地回顾了他与胡塞尔的个人交往。该文最初发表于 *Edmund Husserl 1859–1959*(Martinus Nijhoff, La Haye, 1959)一书,后收录于《与胡塞尔和海德格尔一起发现存在》(*En découvrant l'existence avec Husserl et Heidegger*, Vrin, Paris)一书之增订版。此文已有朱刚和蒋春霞合作的中译[载《中国现象学与哲学评论》第二十二辑(2018年·上),上海译文出版社,第227—243页]。——中译注

二、海德格尔

菲利普·尼莫：当您去弗莱堡上胡塞尔的课时，您在那里发现了一位此前并不为您所知，但在您此后的思想发展中将具有巨大重要性的哲学家：马丁·海德格尔。

列维纳斯：事实上我是发现了《存在与时间》，当时我周围的人都在阅读这本书。我很早就极推崇此书。它是哲学史上最优秀的几本书之一——我这话是经过了很多年的深思熟虑的。此书是哲学史上最优秀的四五部著作之一……

菲利普·尼莫：请问是哪四五部？

列维纳斯：比如说柏拉图的《斐德罗篇》、康德的《纯粹理性批判》、黑格尔的《精神现象学》，还有柏格森的《时间与自由意志》①。我对海德格尔的推崇首要地是对《存在与时间》的推崇。我总是试图重温当初阅读此书时的氛围——那时，1933年（的种种）还是不可想象的。

习惯上，我们说到存在时都感觉它好像是个名词，虽然它是那最动词的动词。在法语中，我们会说存在②，或者一个存在。然而，在海德格尔那里，存在这个词的"动词性"复苏了，存在这一事件复苏了、存在的"发生"（se passer）复苏了。就好像所有的东西和所有存在者都在"从事着存在"③，都在"务于存在这一职事"，是海德格尔使得我们习惯了听出存在的这一动词性的弦音。海德格尔对我们的耳朵的这一再教育是令人难以忘怀的！虽然这一关于存在之动词性的说法在今天看来已经是老生常谈。④ 如此看来，哲学本就是对作为动词的存在的意义这一问题进行回答的尝

---

① 此书是柏格森的博士论文，法文名"Essai sur les données immédiates de la conscience"，直译可作"论意识的直接予料"；英译名作"Time and Free Will: An Essay on the Immediate Data of Consciousness"；中译名取了英译正标题，然而未取其副标题（亦即法文版标题），由此而造成了此书法文版标题"论意识的直接予料"和中文版标题"时间与自由意志"的差异。法文版：*Essai sur les données immédiates de la conscience*, Félix Alcan, Paris, 1889；英译本：*Time and Free Will: An Essay on the Immediate Data of Consciousness*, translated by F. L. Pogson, Allen & Unwin Ltd., London, 1910；中译本：《时间与自由意志》，吴士栋译，商务印书馆，1989年。——中译注

② 此处的"存在"原文作"*l'être*"，定冠词 le 使用斜体以强调这里的"être"是名词。这一点在这里的中译文中未能体现。——中译注

③ 这里的"从事着存在"法文作"mener un train d'être"，直译或可作"拖着存在这趟列车"。对此，亦可参考列维纳斯《异于存在或本质之外》第92、167页（中译本第179、313页）等处。——中译注

④ 对此，可参考列维纳斯1975年11月7日的讲课稿《从海德格尔出发》，收录于《上帝·死亡和时间》，余中先译，生活·读书·新知三联书店，1997年，第135—142页。——中译注

试——即使在它没有意识到这一点时。因此,海德格尔非常明确地将哲学与其他各种知识模式区分了开来:哲学是"基础存在论"——虽然胡塞尔还在向哲学提出(或者说似乎还在向哲学提出)一种超越论的纲领。

菲利普·尼莫:在这种背景下,存在论是什么?

列维纳斯:存在论即对动词"存在"的理解。存在论不同于所有如下学科,这些学科探索的是存在的东西(ce qui est),是诸"存在",也就是说是诸"存在者",是它们的本性,是它们间的关联;但是,这些学科忘记了:在谈论这些存在者时,它们已经理解了存在一词的意义——尽管未曾明确地将此意义表述出来。这些学科根本无意去做这等解释。

菲利普·尼莫:《存在与时间》出版于1927年,这种呈现哲学之任务的方式在当时是绝对全新的吗?

列维纳斯:无论如何,我对它的印象是这样。诚然,在哲学史上,在回顾的时候,有时候,会觉得以前的某种思想趋势似乎已经预示了今天的某些重大创新;然而,至少,今天的重大创新将以前并不是明确课题的东西树立成了专门的研究课题。这种课题化还是需要天才才能做到的,而且它也给我们提供了一套新的语言。

就这样,我那时所做的关于胡塞尔的"直观理论"的工作[①]受到了《存在与时间》的影响,因为我试图展示:胡塞尔已经瞥见了存在的存在论问题(le problème ontologique de l'être),也就是说存在

---

① 列维纳斯这里指的是他的博士论文《胡塞尔现象学中的直观理论》。——中译注

的地位(*statut*)问题,而不是存在的何所是(*quiddité*)问题。我当时的说法是:现象学分析,在研究意识对现实的构造时,相比于对观念论意义上的先验条件的寻找,更多地是在质问"存在者"的存在在不同的认识领域中的意义。

《存在与时间》对焦虑(angoisse)①、操心和向死而在的分析让我们得以目睹了一场恢宏的现象学展演。这项展演极其精彩、极其有说服力。它旨在描述人的存在或者说生存——而非人的本性。我们所谓的存在主义无疑从《存在与时间》中获得了决定性的影响。海德格尔不喜欢别人将这种存在主义意味加诸其书;人的生存乃是作为基础存在论的"场所"让海德格尔感兴趣的;不过,海氏此书中的生存分析还是影响并决定了后来所谓的"存在主义"分析。

菲利普·尼莫:海德格尔的现象学方法中尤其让您印象深刻的是什么?

列维纳斯:是意向性,那种激活了生存本身以及在海德格尔现象学之前被看成是"盲目的"、被看成仅仅是内容的一系列"情绪状态"的意向性;是那些关于情感(affectivité)、关于 Befindlichkeit(现身情态)以及例如关于焦虑的段落:焦虑在通常的研究中被认为是一种无原因的情绪运动,或者,更确切地说,被认为是"无对象的",然而,照海德格尔的分析,真正意义非凡的恰恰就是其无对象这一事实。焦虑将会是通达虚无的本真的、全适的入口,虽然虚无在哲

---

① 对该词以及下文中的情感(affectivité)的理解和翻译,可参见《论来到观念的上帝》中译本第 89 页的注释。——中译注

学家们眼中可能是一个衍生性的概念,是一种否定的结果,甚或是——正如在柏格森那里——虚幻的。在海德格尔看来,人并不是通过一系列的理论步骤"通向"虚无,而是在焦虑中直接地和不可还原地通达虚无。存在(existence)本身,就好像是通过意向性的效应,被一种意义所激活,由虚无的原始存在论意义所激活。这一意义并不是衍生自我们关于人类的命运、福祉或归宿(fins)所能认知到的东西;作为事件的存在(existence),即已于焦虑中示意着虚无,就好像动词存在(exister)①有一个直接宾语似的。

《存在与时间》一直是存在论最卓越的典范。海德格尔的有限性、此在、向死而在等概念依然是基础性的。即便从海德格尔思想体系的严格性中脱离出来,我们仍会被《存在与时间》中的分析风格本身所打动,会被其"生存论分析"所诉诸的那些"基本点"所打动。我知道,我对《存在与时间》的褒赞,在这位伟大哲人的狂热门徒们看来,是依然过于苍白的。但是,我认为,正是通过《存在与时间》,海德格尔后期的作品才得以站得住脚——其后期作品并未给我留下可媲美《存在与时间》的印象。当然,正如您所确知,这并不是因为其后期作品不值一提,而是因为它们相对不那么有说服力。我这么说并不是因为海德格尔在《存在与时间》写就多年后所沾上的政治污点——虽然我从来都没有忘记这一污点,虽然在我看来海德格尔从来都没有就他加入纳粹党一事真正地道过歉。

菲利普·尼莫:为什么海德格尔后期的作品让您失望了?

---

① 本译本中,原则上我们把"être"和"exister/existence"都译作"存在"。为区分二者,我们在绝大多数情况下都标明了"exister/existence"。——中译注

列维纳斯:也许是因为在海德格尔后期的作品中真正意义上的现象学消失了;因为在他后期的分析中,注解荷尔德林诗歌和词源学占据了首要地位。诚然,我知道,词源在海德格尔的思想中绝非出于偶然;对他来说,语言承载着智慧,一种应当被解释的智慧。然而,这种思的方式在我看来远不如《存在与时间》中那种思的方式来得可验证——《存在与时间》中当然也有词源学的东西,但不过是辅助性的,不过是在给真正意义上的分析中——以及生存现象学中——极其有力的东西做些补充。

菲利普·尼莫:在您看来,语言不具有这种原初的重要性?

列维纳斯:实际上,对于我,既说(le *dit*)不如说(le *dire*)①本身重要。说之所以重要,在我看来,相对于说的内容中所包含的信息,更多地是由于这一事实:说乃是朝向一个对话者的。我们回头再详细谈这一点。尽管有这些保留意见,我还是认为,在二十世纪的今天,任何进行哲思(philosopher)的人都必须到海德格尔哲学中走一遭,即便是为了走出这一哲学。海德格尔的思想是我们世纪的一桩大事件。哲思,却不知海德格尔,这会是一种"幼稚"——在胡塞尔所赋予这个词的意义上:在胡塞尔看来,有一些认知是非常值得尊敬的,是确定的,比如科学的认知,但它们却是"幼稚的",因为它们为对象所吞没,因为它们没有看到对象之对象性的地位(statut)这一问题。

菲利普·尼莫:萨特曾说马克思主义是我们这个时代无法逾

---

① 关于 dire、dit、redire、dédire 这一组术语的译法,可参考《论来到观念的上帝》第56页中译者在注释中的说明。——中译注

越的地平线,如果不考虑其他因素,您是否会同样评价海德格尔?

列维纳斯:马克思那里也有许多事情是我无法原谅的……就海德格尔而言,我们的确不能无视基础存在论及其问题域。

菲利普·尼莫:然而,今天,关于海德格尔,有一种教条主义(scolastique)……

列维纳斯:……这一教条主义把思一时的路径当成了思最终极的参照。

我还必须强调海德格尔思想的另一个核心贡献:一种新的阅读哲学史的方式。过去的哲学家们已被黑格尔从他们的陈旧失效中解救出来了。然而,他们作为众要素——或者作为必须被跨越的诸阶段——进入了"绝对思";他们被扬弃了,就是说在被保存的同时,被结结实实地摧毁了。海德格尔那里有一种新的、直接的与哲学家对话的方式,以及一种向伟大的经典询求绝对当下的教益的方式。诚然,过去的哲学家并不会一上来就投入对话中;要想让他们变得具有当下性,须得先完成大量的阐释工作。然而,在这种诠释学中,我们并不是在重弹老调,我们是在将未被思者(l'impensé)带向思(pensé)和说(dire)①。

---

① 梅洛-庞蒂曾经在其纪念胡塞尔的著名文章《哲学家及其阴影》中引用和阐发过海德格尔关于"未被思者"(l'impensé)的话:"一个思想者的作品越是伟大——伟大与否与写作的篇幅和数量全然无关——作品中的未被思者,即那首先和仅仅通过此作品才作为未被思者出现的东西,就越是丰富。"[中译文参见梅洛-庞蒂:《符号》,姜志辉译,商务印书馆,2003 年;此处中译文有改动。海德格尔的原文:"Je grösser das Denkwerk eines Denker ist, das sich keineswegs mit dem Umfang und der Anzahl seiner Schriften deckt, um so reicher ist das in diesem Denkwerk Ungedachte, d. h. jenes, was erst und allein durch dieses Denkwerk als das Noch-nicht-Gedachte heraufkommt."(*Der Satz vom Grund*, pp. 123 - 124)]或许,这在某种意义上折射了现象学的统一性。——中译注

三、"il y a"①

菲利普·尼莫：您最初是一位哲学史家，或者说是其他哲学家的分析者，因为您发表了关于胡塞尔和海德格尔的文章与著作。您表达您自己的思想的第一部作品名为《从存在到存在者》。这本小书是您在战争中写的，您在序言中说了，在战俘营中。那么，请问书的主题是什么？

列维纳斯：这本书探讨的是被我称作"il y a"者。我当时并不知道阿波利奈尔曾写过一部名为 $Il\ y\ a$ ②的著作。但是，在阿波利奈尔那里，"il y a"意味着的更多地是存在的东西的快乐、丰盈，有点像海德格尔的"es gibt"。相反，"il y a"于我则是无人称的存在

---

① 这里的标题"L'`il y a'"英译作"The 'There Is'"，德译作"Das 'Es-gibt'"，本书中，我们遵循《从存在到存在者》中译本的成例，保留"il y a"的法语形式，而不是简单地翻译成"有"。关于"il y a"的更详细探讨可参考《从存在到存在者》中译本第62—81页、第100—107页等处。——中译注

② 初版：Guillaume Apollinaire, *Il y a*, Albert Messein, Paris, 1925。更新近的版本可参考：*Poèmes à Lou. Il y a*, Gallimard, Paris, 1969。中译可见于：《玫瑰世界》，潘博译，南海出版公司，2017年。——中译注

这一现象:"il"。我对这个主题的反思始于童年的记忆。孩子自己去睡觉,大人们继续生活;孩子觉得他卧室的静默在"沙沙作响"。

菲利普·尼莫:一种沙沙作响的静默?

列维纳斯:这种静默就像当把耳朵贴近空海螺时所能听到的:就好似这空是满的,就好似静默是一种声音。就在我们想到就算什么都没有,"il y a"这一事实本身也是不可否定的,我们也可以感受到这种沙沙作响的静默之声。并不是有这个或有那个;而是存在的舞台本身打开了:"il y a"。在人们可以想象的在创世之前的绝对空无中——il y a。

菲利普·尼莫:您刚才提到了"es gibt",德语的"il y a",提到海德格尔将"es gibt"解释作慷慨,因为在这个"es gibt"中有动词"geben",意味着给予。对您来说,则恰相反,"有"中并没有慷慨,对吗?

列维纳斯:我想强调的实际上是"il y a"的无人称性;"il y a",就像"下雨了"或"黑天了"①。而且,这里既没有欢乐也没有丰饶:这是在对其进行全部否定之后还依然挥之不去的声音。它既非虚无,亦非存在。我有时使用"被排除的那个第三者"②这一表述来描述它。不能说这个持续存在的"il y a"是一个存在之事件。也不能说这是虚无——尽管的确什么也没有。在《从存在到存在者》一书的描述中,这个可怕的东西是恐怖的和令人惊慌的。

---

① "下雨了"(il pleut)和"黑天了"(il fait nuit)在法语中都以无人称的"il"开头。有意思的是,中文在类似的情境中也多用无人称的表述:惯说"下雨了""打雷了""起风了",而不说"雨下了""雷打了""风起了"。——中译注

② 法文是"le tiers exclu",列维纳斯这里是逆用了传统逻辑学中的"排中律"(principe du tiers exclu)。——中译注

菲利普·尼莫：床上辗转长夜的孩子经验到了恐怖。

列维纳斯：这种对恐怖的经验却并不是一种焦虑。《从存在到存在者》面世时，我在书的腰封上写下了这样的话："这里所论的不是焦虑问题。"1947年的巴黎，大家开始大谈焦虑……其他一些非常接近"il y a"的经验也在此书中得到了描述，尤其是失眠这一经验。在失眠中，我们既可以说又不可以说有一个"我"，不可以说是这个"我"在睡不着。从清醒中离开，这样一种不可能性，是某种"客观地"发生的事情，是独立于我的主动性（initiative）的。这一无人称性吸纳了我的意识；意识被非人称化了。并不是：我睡不着（Je ne veille pas）；而是："睡"不着（"ça" veille）。或许，死亡是一个绝对的否定，于其中，"曲子播放完了"（其实，我们对死亡一无所知）。但是，在"il y a"这一令人恐慌的"经验"中，人的感觉是：离开它是不可能的，"关掉音乐"是不可能的。

这个话题，我在莫里斯·布朗肖那里也发现了——尽管他使用的表述并非"il y a"，而是"中立（之物）"（"le neutre"）和"外面"（le "dehors"）。布朗肖在这一点上有很多非常具有启发性的表述：他说到存在的"冥然兀在"[①]，存在的"低语"，存在的"絮语"。就好比旅馆的夜，隔墙处，"窸窸窣窣不止"，"不知道他们在干什么，在那边"。这和"il y a"非常接近。问题的关键不再是种种确定

[①] "冥然兀在"法文作"remue-ménage"，意思是"嘈杂（声）""背景音"，我们这里尝试借取归有光《项脊轩志》中"冥然兀在，万籁有声"这种感觉来传达这层意思。可参见《从存在到存在者》第二版序言第1页。——中译注

的"灵魂状态"(états d'âme),而是客体化意识[①]的终结,是对心理学性的东西的翻转。这或许正是布朗肖的小说和叙事的真正主题。

菲利普·尼莫:您想说的是,布朗肖的作品探讨的是存在论,而既非心理学,亦非社会学,因为这个"il y a"中——无论这个"il y a"可怕与否——所涉及的其实是存在?

列维纳斯:布朗肖那里,问题的关键不再是存在,也不再是一个"某物";在布朗肖那里,必须永远解-说(dédire)[②]既说——这是个既非存在亦非虚无的事件。在最近出版的一本书[③]中,布朗肖把被这个称作"灾异"(désastre),灾异所指的既非死亡亦非不幸,而是指就好像存在从存在的固定性中解脱了出来,从它向一个星体的指归和参考(référence)中、从所有的宇宙学意义上的存在中解脱了出来:灾-异(dés-astre)[④]。布朗肖赋予了实词"désastre"一个几乎是动词性的含义。从这一令人疯狂的、令人沉陷的(obsédant)处境中逃离,在布朗肖看来,似乎是不可能的。在我们这里所谈论的出版于 1947 年的《从存在到存在者》这一小书

[①] "客体化意识"法文作"la conscience objectivante",源自胡塞尔的"客体化行为"与"非客体化行为"这一对概念。可参考倪梁康《胡塞尔现象学概念通释》(修订版),生活·读书·新知三联书店,2007 年,第 18—20 页。——中译注

[②] 我们尝试用"解-说"——即"解(释)开另说"——来翻译"dédire"。——中译注

[③] *L'Écriture du désastre*, Gallimard, 1980. ——原注

[④] 列维纳斯这里对"désastre"的解读很接近布朗肖的表述,可参考《灾异的书写》中译本(魏舒译,吴博校译,南京大学出版社,2016 年)第 2—3 页,法文本(*L'Écriture du désastre*, Gallimard, Paris, 1980)第 9 页;也可参考列维纳斯在《论来到观念的上帝》中译本第 64、87 页等处的相关探讨和译者注释,和《上帝·死亡和时间》中译本第 167 页。——中译注

中——就像在次年出版的《时间与他者》中那样——很多我今天所持有的观点尚未完全成形,很多诞生于其中的直观都更多是在标记一条路线,而不是一个终点。这两本书中,我感到亟须做的是破出"il y a",破出无意义(non-sens)。在《从存在到存在者》中,我还分析了动词的意义上存在的其他模式:疲惫、懒惰和努力[①]。我在这些现象中展示出了一种在存在面前的惊吓,一种无助的退却,一种逃离。因此,可以说,这其中展示的依然是"il y a"的阴影。

菲利普·尼莫:那您当时所提出的"解决办法"是什么?

列维纳斯:我最初的想法是:也许,"存在者"(étant)——我们能用手指去指出的"某物"——可以构成对那在存在中令人恐惧的"il y a"的某种控制。因此,我将存在者——或确定的存在者(existant)——看作好像是一道突破"il y a"之恐怖的明晰性的曙光,好像是太阳升起的时刻,一个诸物都显现出自身的时刻,一个不是诸物被"il y a"挟裹,而是诸物支配"il y a"的时刻。大家不是说桌子存在、诸物存在吗?这就把存在附于存在者,而同时自我也就主宰了他所拥有的存在者。由是,我谈及了存在者的"实显"(hypostase)[②],也就是说谈及了从存在到一个某物过渡的通道,从动词状态到事物状态的过渡通道。我当时认为,存在既被安置,应

[①] 关于这里所探讨的疲惫、懒惰和努力,也可参考《从存在到存在者》中译本第 21—29 页。——中译注

[②] 列维纳斯主要在其早期的《从存在到存在者》和《时间与他者》二书中使用了"实显"这一术语(可参考《从存在到存在者》中译本第四章《实显》,尤其是第 100—101 页;《时间与他者》法文本第 31—34 页)。照列维纳斯在战俘笔记中的说法(*Carnets de captivité et d'autres inédits*, Édition Grasset & Fasquelle, IMEC Editeur, 2009, p. 146),启用此术语是为了取代传统的实体意义上的主体这一概念。——中译注

该就被"拯救"了。实际上,这想法仅仅是第一步。因为存在着的自我会被他所主宰的所有这些存在者所累。海德格尔那著名的"烦"(Souci)所表现的,在我看来,就是存在之累。①

由此,就有了一个完全不同的运动:为着破出"il y a",需要做的不是安置自身(se poser),而是褫夺自身(se déposer)②;是施行一种逊位行为,在人们通常所说的君主逊位的意义上。由我所进行的这种对权威的褫夺就是与他人的社会性关系,破出存在(dés-inter-essée)的关系。我把 dés-inter-essée 写作三个词,目的是强调它所意味着的对存在的破出。我虽对遭到滥用的"爱"这个词持保留态度,但是我早在那个时期就已经认为:为他人的责任——为他而在(être-pour-l'autre)——阻止了存在那无名又令人发疯的沙沙声。从"il y a"中的解救正是以这样一种关系的形式显现给我的。自从这一点在我这里得到确立并在我的精神中变得清晰,我在书中就几乎不再就"il y a"而论"il y a"。不过,"il y a"的阴影、无意义(non-sens)的阴影,在我看来,就其作为"破出存在"这一考验本身而言,还是有必要的。

---

① 访谈录音中,此句作"海德格尔那著名的'烦'(Souci)在我看来即存在者为他所主宰的存在所累"。——中译注

② "se déposer",亦可译作"置(自身)于无地"。——中译注

四、存在之孤独

菲利普·尼莫:《从存在到存在者》之后,您写作了《时间与他者》①。这本书是由您在让·华尔的哲学学院所做的四个讲座结集而成的。请问这些讲座是在什么样的机缘下做的?

列维纳斯:让·华尔——他给我的帮助非常大——追求一切有意义者,包括那些处在意义的传统表现形式之外的意义。他尤其对艺术与哲学之间的连续性感兴趣。他认为有必要——在索邦大学之外——给非学院派的言说提供被倾听的机会。为此,他在拉丁区成立了这所学院。这是个非正统知识分子——甚至也包括那些自认为是非正统知识分子的人——被容忍和被期待的地方。

菲利普·尼莫:在经历了战争和解放这些巨大动荡之后的

---

① 这些讲座最初收录在由让·华尔(Jean Wahl)主编的《选择、世界、存在》(*Le Choix, le monde, l'existence*, Arthaud, Paris, 1948)一书中,后单独成书出版(*Le Temps et l'Autre*, Fata Morgana, Montpellier, 1979;自1983年起改由法国大学出版社出版)。中文节译可参考《中国现象学与哲学评论》第十九辑(2016·下),上海译文出版社,第351—362页,王恒译。——中译注

1948年，很多思想家在探讨问题时都着眼于社会性这一面向，而您却依然忠于您的形而上学方案？

列维纳斯：诚然。然而不能忘记的一点是：那是让-保罗·萨特和莫里斯·梅洛-庞蒂统治哲学视界的时代，是德国现象学传入法国的时代，是海德格尔开始为人所知的时代。在那个时代，人们讨论的并不只有社会问题；当时，有一种普遍的开放，人们对一切都充满了好奇心。另外，我并不认为如果不走向"社会问题"，纯粹哲学可以是纯粹的。

《时间与他者》研究的是与他人的关系，这项研究基于——且系于——如下根本事实：社会关系的原素（élément）是时间；就好像时间是超越（性），就好像时间——卓越地——是对他人和他者（l'Autre）的开放。① 这一关于超越（性）的观点，即关于被思作解-时序（dia-chronie）的超越（性）的观点——在此观点看来，同者对

---

① 我们在这里将 autre 译作"他者"，将 autrui 译作"他人"。考虑到这两个术语的重要性，译者在此尝试对译名的拣选稍做说明。先看语法。autre 源自拉丁语 alter，最初为代词，后亦作形容词；autrui 在古法语中则是 autre 的宾格形式，如今作不定代词，泛指"他人"。所以，二词本为一词，区别只在于 autre 为主格，autrui 为宾格。为传达这一密切关联，中译名中都选用了"他"字。再看列维纳斯的具体用意。《伦理与无限》一书的德译者 Dorothea Schmidt 曾界说过 autre 和 autrui 这两个术语的差异："autrui（译作 der Andere）指的是他人，是那个切身地在于对面的、我看着他的脸的人；autre（译作 der Andere）指的是在与他人的伦理关系中，'异于存在'的'无限'的痕迹，此痕迹可以被思作人格性的存在，即被思作'第三人'，只不过，这'第三人'是不可以被课题化（即被理解、被把握）的"（参见 *Ethik und Unendliches. Gespräche mit Philippe Nemo*, aus dem Französischen von Dorothea Schmidt, Passagen Verlag, 4., überarbeitete Auflage, 2008, S. 95）。Dorothea Schmidt 在这里把 autrui 归结到在具体情境中切身对面的人，把 autre 归结到非实体性的痕迹，这样一实一虚二解可谓很好地把握到了列维纳斯的用意。——中译注

他者是虽异不疏的①,而且,同者并不以任何方式囊括他者(甚至都不用共在于同一个时间这样一种至为形式化的巧合来囊括他者);在此观点看来,将来的陌异性(étrangeté)并不是一上来就通过其对现在的指归而被描述的〔在此现在中,将来只不过是将要来者,而且已经在前摄(pro-tention)中被预先把握到了〕——这一如今吸引了我很多注意力的观点,在三十年前,还仅仅是被非常模糊地瞥见。在《时间与他者》中,对这一观点的探讨是从一系列更直接的明见出发的,这些明见为我现在对此问题的看法准备了一些要素。

菲利普·尼莫:您在此书第一页写道:"这些讲座旨在表明:时间不是一个隔离而孤立的主体之成就,而是主体与他人的关系本身。"②这种起头的方式有些奇怪,因为它预设了这一看法:孤独(solitude)本身就是个问题。

列维纳斯:孤独是个"存在主义的"课题。存在(existence),在那个时代,被描述为在孤独中的绝望,或被描述为在焦虑(angoisse)中的隔离(isolement)。《时间与他者》一书所要做的就是出离存在的这种隔离,就好像前一本书——《从存在到存在者》——所要做的是出离"il y a"。这里也是有两个步骤。首先,我检视了一种朝向世界的"出离"(sortie)——在认知中。我的努力展示的是:认知(le savoir)实际上是一种内在(性),而且,在认知中,存在的隔离没有被打破;其次,从另一方面看,在对认知的交流中,人和他人是肩并肩的,而不是面对面的,不是处于在他对面这

---

① 关于"虽异不疏"(non-in-différence)以及译名的拣选,可参考《论来到观念的上帝》中译本第 25—26 页。——中译注

② *Le Temps et l'Autre*, Fata Morgana, Montpellier, 1979, p. 17. ——原注

样一种直接性之中的。不过,处在与他人的直接关联中,这并不意味着将他人课题化,不意味着用看待一个被认识的对象的方式看待他,也不意味着向他传递认识。实际上,存在这一事实(le fait d'être)是最私人的东西;存在(l'existence)是我唯一无法与共(communiquer)的东西;我能讲述,却不能分摊我的存在。孤独,因此,在这里显现为那标记着存在之事件本身的隔离。社会性的东西(le social)超出存在论。

菲利普·尼莫:您写道:"'我们从来都不是单独存在的'这样一种说法并无新意。我们是被各色存在者和东西所包围着的,我们和它们有着关系。通过视觉、通过触觉、通过共情、通过共同劳动,我们是和其他的人一起的。所有这些关系都是及物的(transitif):我摸到一件物体,我看到他者。但,我不是他者。"①

列维纳斯:这里所要表达的正是对这一作为出离孤独之可能性的共(avec)的质疑。"共在"(exister avec)真是对存在(existence)的分摊吗?这一分摊如何实现?——或者再换个问法[因为"分摊"一词意味着存在(existence)是同质于且隶属于有(avoir)的]:有一种能使我们脱离孤独(solitude)的对存在的分有(participation à l'être)吗?

菲利普·尼莫:我们能分摊我们所有的,但我们却不能分摊我们所是的?

列维纳斯:而且,在海德格尔那里,存在的基础性关系不是与他人的关系,而是与死亡的关系:在与死亡的关系中,与他人的关

---

① *Le Temps et l'Autre*, Fata Morgana, Montpellier, 1979, p. 21. ——原注

系中的所有非本真的东西都被揭露出来了,因为人独自死去。

菲利普·尼莫:您接着写道:"我独自存在着,因此,正是'在我之在'(l'être en moi)——即'我存在'这一事实,即'我的存在'(mon exister)——构成了那绝对不及物的原素,某种没有意向性、没有关联的东西。存在者之间什么都可以交换,除了存在(l'exister)。在这个意义上,存在(être)就是通过存在(l'exister)把自己隔离起来。我存在(je suis),这就意味着我是单子。我之所以是既没有门也没有窗户的,正是由于存在(exister),而不是由于我所拥有的某种不可沟通的内容。而如果说它不可沟通,那也只能是因为它就扎根于我的存在(mon être)——这是我最私人的东西。如此以至于,任何对我的知识(connaissance)的扩展,任何对我表达自己的方式的扩展,都不会影响我与存在(exister)的关系——这是最卓越意义上的'内在关系'。"①

列维纳斯:然而,与此同时必须明白这样一点:孤独(solitude)本身并不是这些反思的首要主题。孤独只是存在的标记之一。在这里,问题并不在于出离孤独,而在于出离存在。

菲利普·尼莫:因此,最初的解决方案是这样一种出离自我,即通过在认知和您所说的"食粮"(nourritures)中与世界组建关系。

列维纳斯:我这里指的是所有的人间食粮,即人借以排遣他的孤独的各种享受(les jouissances)。"排遣他的孤独"这一说法本身

---

① *Le Temps et l'Autre*, Fata Morgana, Montpellier, 1979, p. 21. ——中译注

就提示着这种自我出离的特点：虚妄，而且只是表面的。至于认知，它则本质上是一种和与我们同质（égaler）者、和被我们囊括者的关系，和被我们悬置了其他异性者的关系，和那变成内在者的关系——说它变得内在是因为它是由我衡量的，是遵守我所立定的尺度的。我这么说时会想到笛卡尔，他说过，我思——那能够把太阳和天空给予自身的我思——之唯一不能给予自身的东西就是无限观念。认知永远都是思与思之所思之间的一种相即（adéquation）。归根到底，在认知中，出离自我是不可能的；因此，社会性也就不可能有认知那样的结构。

菲利普·尼莫：这里有种悖谬性的东西。根据常识，与您这里所主张的相反，认知就是让我们走出自己，这几乎就是认知的定义了。而您则主张在认知中，即使是在对众星辰的认知中，即使是在对这些最遥远的东西的认知中，我们也是止步于"同者"（même）的原素中的？

列维纳斯：认知一直被解释为同化。即便是那些最令人惊讶的发现也终究会被吸收同化、被理解，而理解（comprendre）暗含着"把握"（prendre）——这一点是尤其值得警惕的。即便是那最大胆、最遥远的认知也不能将我们置于与真正他异者的共通（communion）之中；这认知不能替代社会性；这认知依然是，也永远都会是一种孤独。

菲利普·尼莫：因此，您将认知视作一种光：被照亮者同时也被拥有了。

列维纳斯：或者同时也变成了可被拥有的。甚至于最遥远的星辰。

菲利普·尼莫：与之相反，对孤独的出离则将是一种褫夺（dépossession）或一种剥夺（déprise）？

列维纳斯：社会性将是一种与通过认知出离存在不同的出离存在的方式。对这一点的展示，在《时间与他者》这本书中，并没有进行到底；该书中，我发现显现为对存在（existence）之宕开的，是时间。这本书首先展示了在与他人的关系中所存在的一些不能被还原为意向性的结构。它质疑了胡塞尔的这一观念：意向性体现着精神的精神性本身。而且，这本书尝试着理解时间在这一关系中的角色：时间不是对绵延的单纯经验，而是这样一种动力机制，它不是将我们带向我们所拥有的诸物，而是带向他处。就好像，在时间中，有一种运动，要超出跟我们相等同的一切。这是作为与无法抵达的他异性之关系的时间，从而也是作为对节奏及其回环之打断的时间。《时间与他者》中，支持这一论点的是两个主要的分析，一个分析关乎爱欲（érotique）关系，即与女性之他异性的并非合一（confusion）的关系；另一个分析关乎父子关系，即从我到一个他者、到一个在某种意义上依然是我但同时又绝对是他异者的关系；这是一种与丰育（fécondité）这一具体情境——这一逻辑意义上的悖谬——近似的时间性。这两种与他异性的关系迥然有别于那些于其中同者主宰或吸收或囊括他者的关系，有别于那些以认知为模版的关系。

五、爱与子

菲利普·尼莫：与他者的关系打破了"主体认识对象"这个模型——对此进行的第一个分析是关于爱欲的，尽管有种种比喻在暗示爱是认知。他人的他异性会像时间之将来那样示意（signifiante）吗？

列维纳斯：在爱欲中，存在者之间彰显着一种不能被还原为逻辑差异或数目上的差异的他异性，即一种不能被还原为在形式上将随便某个个体与其他随便某个个体区分开来的那种差异的他异性。但是，爱欲的他异性也不限于可相互比较的存在者之间由于属性之不同而产生的那种他异性。女性（le féminin）是他异于男性的存在，不仅因为她的本性不同于男性，也是因为她的本性，在某种意义上，即是他异性。爱欲关系中所涉及的并不是他人那里的另一类属性（un autre attribut），而是他人那里的他异性这一属性（un attribut d'altérité）。《时间与他者》一书中，男性和女性并不是在那中性的、控制着男女人际间沟通的相互性（réciprocité）中被思考的；该书中，主体的自我是被设定为其雄健性（virilité）的；该书也探究了女性特质（féminité）本己的存在论结构（我接下来对此会稍做展开）——这完全过时了吗？——女性被描述为那自身即他异者（le *de soi autre*）、被描述为他异性这一概念本身的起源。这些观点最终是否妥帖，还需要做哪些大的修正，这都并不重要！重要的是：这些观点让我们明白了应当在何种意义上思考那主宰着爱欲关系的他异性，那不能被还原为数目上的差异和本性上的差异的他异性。在这爱欲关系中的任何东西都不会有损在此关系中彰显着的他异性。与那种意味着对他异性的取消的认知截然相反，与在黑格尔的"绝对精神"中倡扬"同者和非同者的同一性"的认知截然相反，他异性和二元性（dualité）在爱情关系中不会消失。那种认为爱是两个存在者的合一（fusion）的浪漫主义的观点是错误的。爱欲关系的动人之处（le pathétique）就在于其"是二而不为一"（être deux）这一事实，就在于：在其中，他者是绝对地他异的。

菲利普·尼莫：那么，成就这一关系的就是"不认知他人"（le ne-pas-connaître-autrui）喽？

列维纳斯："不认知"在这里不能被理解为认知的缺失。只有相对于认知而言，不可预见性才是他异性的形式。（因为）对于认知而言，他者本质上就是不可被预见者。然而，他异性，在爱欲中，并不是不可预见性的同义词。并不是：认知失败处，爱才成其为爱。

菲利普·尼莫：正如您在《时间和他者》中关于爱情关系的一章中所说的："性别差异并不是互补的两端的二元性。因为互补的两端预设着一个先此两端已存在着的整体。说性的二元性预设了一个整体,这就等于是预先将爱设定成了合一。可是实际上,爱的动人之处恰恰反而在于两个存在者不可克服的二元性;爱是一种和永远都在逃离者的关系。这关系本身并不会自动将他异性中和掉,而是保持它。他者,作为他者,在此并不是一个对象,并不会成为我们的,不会成为我们;恰恰相反,它退隐到它的谜(mystère)之中。在女性这个概念中,对我来说重要的不仅仅是不可知者,而且更加是这样一种存在方式:(将自身)从光那里躲闪开。女性是存在(existence)中的一桩事件,这一事件不同于空间性的超越这一事件或表达这一事件——这些事件趋向光;女性这一事件是对光的躲闪。女性的存在方式是隐藏自身,或者说是害羞(pudeur)。因此,女性的这种他异性并不同于对象的外在性。它也并非由不同意志的相对立所构成。"①

"[……]女性的超越在于(将自身)退隐到他处,这是一种与意识的运动相反的运动。但,女性的超越这一运动并不因此就是无意识的或潜意识的,而且,除了称之为谜,我没有看见别的可能性。在将其他人视为自由、在从光的角度思考他人,因而不得已承认共通(communication)之失败时,我们不过是在承认那种趋向抓住或占有一种自由的运动的失败。而只有在表明爱欲到底在何意义上异于占有和权力时,我们才能在爱欲中接纳一种共通。爱欲既非斗争,亦非合一,亦非认知。必须认识到爱欲在所有类型的关系中的特殊地位。爱欲是与他异性的关系,是与谜的关系,也就是说是

---

① *Le Temps et l'Autre*, Fata Morgana, Montpellier, pp. 78 - 79. ——原注

与未来的关系,是与那在一个一切都在此的世界中'从未在此者'①的关系。"②

列维纳斯:上述最后一个说法见证了这样一种思想愿望:将时间和他者放在一起思考。也许,另一方面,所有这些对男性和女性之间的存在论差异的暗示会显得不那么陈旧,如果这些暗示并不是把人类划分为两个种(或两个属),而是意味着这一点:既分有(participation)男性也分有女性是所有人性存在的最本己之事。这是否就是《创世纪》第1章第27节中那句神秘经文——"乃是照着他的形象既造男也造女"③——所想要说的呢?

菲利普·尼莫:您进而对快感进行了分析:"被爱抚者严格说来并不是被触碰。爱抚所寻找的甚至都并不是在接触中给予手的那种柔软感或温热感。构成爱抚之本质的正是爱抚之探寻,因为事实上,爱抚并不知道它所要探寻的是什么。这一'不知道',这一根本性的慌乱无序(désordonné)对于爱抚而言是本质性的。爱抚就像一个和某种隐藏自身的东西的嬉戏,一个完全没有规划也完全没有计划的嬉戏,不是和可以成为属于我们的东西,亦非和可以成为我们的东西,而是和某种他异的东西,一种永远他异的、永远

---

① 这里的"那在一个一切都在此的世界中'从未在此者'"原文作"ce qui, dans un monde où tout est là, n'est jamais là"。鉴于这里的"là"隐约回应着海德格尔的此在之"此",我们将"être là"译成了"在此"。——中译注

② *Le Temps et l'Autre*, Fata Morgana, Montpellier, pp. 81. ——原注

③ 和合本此处作"乃是照着他的形像造男造女",这里的译文根据本书语境略有改动。列维纳斯曾经在1963年发表的《他者的踪迹》一文中论及上帝的形象:"脸并不是以经过了的上帝为模板的一个图像。以上帝为形象,这并不意味着是上帝的写真图像(icône),而是意味着:处于上帝的踪迹中。"(此文后收录于《与胡塞尔和海德格尔一起发现存在》一书1967年版第187—202页。)——中译注

不能接近的、永远都未来的东西的嬉戏。爱抚即对这一无内容的纯粹未来的期待。"①

与他人的关系——这样一种不是认知的关系,一种真正地实现了出离存在的关系,一种也隐含了时间之维度的关系——还有另一种形象:亲子关系(filialité)。

列维纳斯:亲子关系更加迷雾重重,它是这样一种与他人的关系:他人在此关系中是根本地他异的,与此同时却在某种意义上又是我;作为父亲的我是在与自己的他异性打交道,而且这他异性既不是占有也不是财产。

菲利普·尼莫:您说儿子表现了这样一些可能性:这些可能性是对于父亲而言不可能的可能性,却的的确确是父亲的可能性?

列维纳斯:我曾在让·华尔那里做过一篇关于亲子关系的讲座,我把讲座的题目定为"超越可能"②,就好像在丰育(fécondité)中,我的存在——通过孩子的可能性——超出了镌写在一个存在者之本质中的可能性。我想强调的是这其中所意味的颠覆,既是对实体的存在论条件甚至逻辑条件的颠覆,也是对超越论主体

---

① *Le Temps et l'Autre*, Fata Morgana, Montpellier, 1979, p. 82.——原注
② 这篇讲座稿"Au-delà du possible"收录于列维纳斯著作集第二卷《话语与静默及其他未刊的哲学学院讲座》(*Parole et Silence et autres conférences inédites au Collège philosophique*, 2011, Grasset/Imec)第 291—318 页。据列维纳斯著作集编者考证,1946—1964 年,列维纳斯在让·瓦尔的哲学学院——这二十年间列维纳斯展开其哲学思想的最主要场所——做了大约十九个系列讲座,其中,九个讲座在著作集第二卷中出版;三个讲座佚失;"时间与他者""自由与命运"和"自我与总体"三个讲座分别出版于《选择、世界与存在》(这个讲座后于 1979 年单独成书出版,中译本:《时间与他者》,王嘉军译,长江文艺出版社,2020 年)、《自由与命运》、《你我之间》三书;"哲学与无限观念""他者的踪迹""意向性与感性"及"谜与现象"四个讲座出版于《与胡塞尔和海德格尔一起发现存在》第二版(1967 年)。——中译注

(性)的颠覆。①

菲利普·尼莫：在这一点上，您看到的是一个地地道道的存在论的特征，而不仅仅是一场心理学意义上的偶然事件，也不仅仅是一个生物学意义上的诡计？

列维纳斯：我认为，心理学意义上的"偶然事件"是存在论关系的表现方式。心理学性的东西并非意外事件。

视他者的可能性如自身本己的可能性，能够出离自己的同一性以及分配给自己的东西之藩篱，并进而趋向某种并非分配给自己然而却是自己的的东西——这样一种事实②就是父子关系（paternité）。这一超越我的本己存在的未来，这个构造着时间的维度，在父子关系中获得了具体的内容。那些没有孩子的人千万别在这里看到某种贬低；因为，生物学意义上的亲子关系不过是亲子关系的第一个形象，我们完全可以将它构想为没有生物学亲缘的人之间的关系。人可以对他人抱有父亲般的态度。将他人视为自己的儿子，这正是与他建立一种被我称为"超越可能"的关系。

菲利普·尼莫：您能给您所说的精神性的儿子举些例子吗？在老师和学生的关系中有类似的东西吗？

列维纳斯：举例子的话，亲子关系（filiation）和兄弟友爱

---

① 列维纳斯曾经在给法国 Encyclopédie Universalis 百科全书撰写的"Infini"条目中做过类似的表述："（与他者的这一）相遇逆转了关于同者和他者的逻辑学意义上的和存在论意义上的游戏，将它扭转到了伦理。"（Altérité et transcendence, Fata Morgana, Montpellier, 1995, p. 89）。另须留意"logique"（逻辑学意义上的）和"ontologique"（存在论意义上的）这两个术语在字面和意思上的关联。——中译注

② 考虑到"fait"（事实）是动词"faire"（做）过去分词的名词化，在此（以及在很多地方），不译作太过客观的"事实"，而译成更主观的"成就"或许更佳。——中译注

(fraternité)这类亲属关系经常在我们的日常生活中被比喻性地用于没有生物学基础的情况中①。老师和学生的关系并不能被归结为上述两类关系,但是肯定包含它们。

菲利普·尼莫:您写道:"父子关系是与一个虽全然是他人但又是我的陌生人的关系。是我与自我的关系,然而,却是与一个对我来说是个陌生人的自我的关系。儿子实际上不单纯是我的作品,就像一首诗或一个被制造出来的物品那样;他也不是我的财产。无论是权力(pouvoir)这一范畴还是拥有(avoir)这一范畴,都不能指明与孩子的关系。无论是原因(cause)这一概念,还是财产(propriété)②这一概念都不足以让人理解丰育这一事实。并不是:我拥有我的孩子。而是:我,在某种意义上,是我的孩子。只不过,'我是'(je suis)二词在这里的意思和埃利亚学派及柏拉图那里的意思不一样。在存在(exister)这个动词中有一种复数性(multiplicité)③和一种超越性,这种超越是就连那最大胆的存在主义分析也错失了的。另一方面,儿子不是随随便便某个发生在我身上的事件,儿子不像例如我的忧郁、我的不幸或我的痛苦这类的事件。这是一个自我,这是一个人。最后,儿子的他异性不是一个他我(alter ego)的他异性;父子关系并不是一种共情(sympathie)——并不是一种我可以借之把自己放在儿子的位置的共情;我是通过自己的

---

① "filiation"出自"fils"(儿子),本意是"亲子之爱",也比喻性地指精神性的继承关系;"fraternité"源自"frère"(兄弟),本指"兄弟之爱",常比喻性地指"博爱",比如,法国国家格言"自由、平等、博爱"即"liberté, égalité, fraternité"。——中译注
② 又译为"本己属性"。——中译注
③ 人的复数性是列维纳斯中后期的一个重要说法,可参看《总体与无限》边码第93、195和270页等处。——中译注

存在(être)是我的儿子的,而不是通过共情。[……]并不是遵循原因这一范畴,而是遵循父亲这一范畴,自由才被造就,时间才得以完成(s'accomplir)。[……]父子关系不单单是父亲在儿子那里的更新以及父亲与儿子的融合。父子关系也是父亲相对于儿子的外在性。父子关系是一种复数的存在。"①

---

① *Le Temps et l'Autre*, Fata Morgana, Montpellier, 1979, p. 86 – 87. —— 原注

六、秘密与自由

菲利普·尼莫：今天我们谈谈《总体与无限》。这本出版于1961年的书以及《异于存在或本质之外》一书是您最重要的两部哲学著作①。这本书的标题本身中就包含着一个问题或者说一个疑问："总体"和"无限"在什么意义上是对立的？

列维纳斯：在对总体的批判中——把"总体"和"无限"这两个词联系在一起这一做法本身就隐含着对总体的批判——矛头所指向的是哲学史。哲学的历史可以被阐释为一种普遍综合的尝试，

---

① 列维纳斯曾经在1987年为《总体与无限》一书德文版（*Totalität und Unendlichkeit. Versuch über die Exteriorität*, Verlag Karl Alber, Freiburg, S. 7 - 12）写的导言中指明了自己最主要的三部著作以及它们之间的连续性："发表于1961年的《总体与无限》开启了一种哲学话语，此话语在《异于存在或本质之外》（1974年）和《论来到观念的上帝》（1982年）两本书中得到了延续。第一本书中的一些论题在后两本书中得到了重新处理，得到了更新，或者说得以以其他面貌再现。第一本书中的一些未展开的理论意向也在后两本书中得到了具体的阐发。"此前言的法文版后收录于《你我之间》一书（*Entre nous. Essais sur le penser-à-l'autre*, Grasset, Paris, 1995, pp. 249 - 252）。——中译注

一种将所有的经验、所有有意义的事物都还原为一个总体的尝试——在此总体中,意识囊括了世界,意识不把任何其他的东西留在自己之外,意识由此变成绝对的思。对自身的意识同时是对总全(le tout)的意识。对这一总体化,哲学史上鲜闻反对之声。至于我,是在弗朗茨·罗森茨威格①的哲学中——罗森茨威格的哲学本质上是对黑格尔的批评——第一次遇到对总体的根本性批判的。这一批判始于对死亡的经历;因为个体并不是把自己托付于总体中就能由此克服死亡所导致的焦虑,就能由此放弃他的个体命运;他在总体中并不能悠然自在,或者说,总体并没有被"总体化"。因此,在罗森茨威格那里,总体爆裂了,并且,一条全然他异的对意义的追寻之路被开启了。

菲利普·尼莫:西方哲学并没有探索这条路,而是基本上选择了系统之路?

列维纳斯:这条系统之路的确正是在黑格尔哲学中完成了的西方哲学所行的路——黑格尔哲学则完全可以被看成哲学本身的完成。在精神性的东西(le spirituel)和有意义的东西(le sensé)永远都在于认知的西方哲学中,这种对总体的乡愁触目皆是。就好像:总体已然被失落,且这失落不啻为精神之罪孽。如此一来,对现实的全景式观看(vision)才是真理,才能使精神满足。

菲利普·尼莫:这种作为各种大哲学系统之根本特征的整体

---

① 弗朗茨·罗森茨威格(Franz Rosenzweig,1886—1929),生于德国,著名的犹太神学家、哲学家和翻译家。其代表作《拯救之星》极大地启发了列维纳斯的思考(对此可参考《总体与无限》前言)。晚年曾与马丁·布伯(Martin Buber)合作将《希伯来圣经》翻译为德语(*Die Schrift*, M. Buber, F. Rosenzweig, Deutsche Bibelgesellschaft,1992)。——中译注

化的观看,在您看来,伤害了另一种对意义的经验?

列维纳斯:对关系的不可还原的、终极的经验,在我看来,实际上在别处:不在于综合中,而在于诸人的面对面,在于社会性,即在于其道德性的示意(signification)。但必须明白,道德并非奠基在一种对总体及其所面临的危险的抽象反思之上的次要层级;道德有一个独立的和在先的作用范围。第一哲学是一种伦理学。①

菲利普·尼莫:您反对这一观点:可以把所有的意义都最终总体化在一个总括性的认知中。您认为有一些东西是"不能被综合的"。那么,您所谓的不能被综合的就是指伦理情境?

列维纳斯:最不能被综合的无疑是人与人之间的关系。我们也可以问:上帝这一观念——尤其是笛卡尔所思的那种上帝观念——能够成为某个存在之总体的部分吗?上帝这一观念难道不正是对存在的超越吗?"超越"这一术语所示意的恰恰就是这一事实:我们无法将上帝和存在放在一起思考。同样地,在人际关系中,关键不在于将我和他者放在一起思考,而在于面对面。真正的合一或真正的整体不是综合形成的整体,而是面对面而成的整体。

菲利普·尼莫:您在书中还给出了另一个不能被综合者的例子。一个人的生命——包括其出生和死亡——可被别人书写,被

---

① 列维纳斯尤其在其思想的中后期曾多次谈论过"伦理作为第一哲学",但是表述中使用的都是在语法上既可以理解作形容词"伦理的"又可以理解作名词"伦理学"的"l'éthique"。直接使用只能理解作名词"伦理学"的"une éthique"的情况,据译者所知,应该仅此一处。列维纳斯一直强调"l'éthique"(伦理)并非对某一个存在之区域的探讨,而是对观看之方式的追究:"伦理是一种看法"(L'éthique est une optique)(出自《总体与无限》前言,中译本第 4—5 页)。有鉴于此,虽然在这里的访谈中,列维纳斯使用了"une éthique"(伦理学)这一表述,我们认为,依然不必将其伦理之思坐实为一门伦理学。——中译注

还没死去的人书写,即被您所称的幸存者或历史学家所书写。然而,每个人都会发现:在他自己的生命轨程与后来将会在历史和世界事件的时序中被记录下的东西之间,存在着一种无法还原掉的差别。历史和我的生命,这么说来,并不能构成一个整体喽?

列维纳斯:的确,这两种视点是绝对不能被综合的。人与人之间并不存在一个所有综合都需预设的共同领域(sphère du commun)。那使谈论一个对象化了的社会成为可能的、使人变得像物并使人个体化为物的共通之原素并不是第一性的。人真正的主体性是不可分的——照莱布尼茨的说法——因此,人们并不是作为同归于一个属(genre)的一众个体而在一起的。人们一直都在说主体性的秘密,所以实际上,人们一直都是明白这一点的;但是,这一秘密遭到了黑格尔的嘲讽,他认为这是典型的浪漫派论调……

菲利普·尼莫:是不是可以说在总体(totalité)之思中有极权主义(totalitarisme)——既然在其中秘密是不被容许的?

列维纳斯:我对总体的批判确实是在我们都还没忘记的那种政治经验之后。

菲利普·尼莫:让我们谈谈政治哲学。在《总体与无限》中,您尝试不把"社会性"奠基于对"现实"社会的整合性的和综合性的概念之上。您写下了这样的句子:"现实不应该仅仅在其历史的客观性中被界定,现实也应从它那打断了历史时间之连续性的秘密出发被界定,从各种内在的意向出发被界定。社会的多元性

(pluralisme)只有从这种秘密出发才是可能的。"① 所以,一个尊重自由的社会不能仅仅以"自由主义"这样一种关于社会的对象性理论为基础——自由主义声称社会在任由事情自由地运转时会运行得更好。这样一种自由主义会将自由系于一条对象性的原则,而不是系于诸生命本质性的秘密。自由由此就会变成仅仅是纯然相对的:但凡能够客观地证明某种给定的组织类型具有更高的效率——在政治或经济层面上——自由就会被禁声。所以,若要奠立一个真正自由的社会,绝对需要一种关于"秘密"的形而上的观念?

列维纳斯:《总体与无限》是我第一本往这个方向进行探问的书。想提的问题是关于主体间关系的内容的。因为以前我们对此所说的都仅仅是否定性的。肯定性地说,这一不同于总体化的和加法式的社会性的"社会性"到底在于什么呢?正是这个问题,在《总体与无限》之后,占据了我注意力的中心。您刚才所读的那句话还过于形式化——如果与我今天觉得是最核心的东西相比的话。

因为,不应该从我刚才所说的东西中得出这一印象:我在贬低理性,在贬低理性对普遍性的追求。我只是在尝试从我所描述的那种主体间性的需求本身中推导出一种理性的社会性之必要性。弄清楚下面这一点极其重要:平常所谓的社会性到底是出自对人对人是狼这一原则的限定呢,还是恰恰相反,社会性是出自对人是

---

① *Totalité et Infini*, Martinus Nijhoff, La Haye, Ed. 1974. p. 29.——原注
中译本:《总体与无限》,第 31 页,译文略有改动。——中译注

为人的这一原则(le principe que l'homme est *pour* l'homme)的限定？社会(le social)——包括各种社会组织、各种普遍性的社会形式、各种法律——到底是出自对人与人之间的战争①进行的限制，还是出自对从人到人的伦理关系中所开启的无限进行的限制？

菲利普·尼莫：在前一种情形中，政治被构想成了社会的内部规则，就好像在蜜蜂或蚂蚁的社会中那样；这是一种自然主义的和"极权主义的"构想。在后一种情形中，有一种更高的规则，另一种性质的、道德的规则，这规则统御着政治？

列维纳斯：政治必须永远都能够被从伦理出发加以控制和批判。上述后一种社会性，即伦理，会给作为每个人之生命的秘密提供担保——当然，这秘密并不在于某种会划分出某个属于一个封闭的内在性的严格私人的领域；这秘密在于为他人的责任；这责任，既然是在伦理情境中到来的，便是不可推卸的，是我们不能逃避的，并因而是绝对的个体化的原则。

---

① 列维纳斯曾在1952年的哲学学院讲座"文献与口语"中明确地阐发过与这里的"人对人是狼""人与人之间的战争"相反的观点："人对人是上帝"(*Parole et Silence et autres conférences inédites au Collège philosophique*，Bernard Grasset/Imec, p. 229)。——中译注

七、脸

菲利普·尼莫：在《总体与无限》中，您花了很大的篇幅来探讨脸。脸是您最常论述的课题之一。对我面对面看他人时所发生的情况进行分析，这种脸的现象学是何指？有何用？

列维纳斯：我不知道脸的"现象学"这一说法能否成立，因为现象学描述显现者。同样，我也不确定能不能说一个转向脸的看，因为看是认知，是感知。我更倾向于认为对脸的通达一上来就是伦理性的。当我们看见鼻子、眼睛、额头、下巴并且能够描述它们时，我们恰恰是在以对待物的方式对待他人。遇见他人最好的方式就是甚至连他眼睛的颜色都不注意！当我们观察眼睛的颜色时，我们就不是处在和他人的社会关系中了。诚然，和脸的关系可能被感知所主宰，然而，那使脸成为脸的就系于那不能被还原到感知的东西。

首先有的，是脸的直接性本身，它直接的暴露，不设防。脸的皮肤是最赤裸的（nu）、最贫乏的（dénué）。是最赤裸的，虽然这是一种丝毫不下流的赤裸。也是最贫乏的,在脸上有一种本质性的贫困,证据就是人们总是在尝试掩盖这一贫困:通过种种姿态,通过某个举止(contenance)。脸是被暴露的、被威胁的,就好像是在唆引着我们去施加暴行。同时,脸也是那禁止我们杀戮者。

菲利普·尼莫:的确,关于战争的很多记叙告诉了我们:杀戮一个当面(de face)直视着你的人是很困难的。

列维纳斯:脸是示意,并且,是不带背景的示意。我的意思是:他人,在他的脸的直接性中,不是一个处在某个背景中的某人。通常,我们都是"某人":是索邦大学的教授,是国情咨询委员会的副主席,是某某人的子女,是所有那些写在护照上的东西,是着装的方式,是自我呈现的方式。而且,通常意义上的示意全都是系于这等背景的:某事物的意义在于它与其他事物的关系。然而,这里恰恰是相反的:脸独自即是意义。你就是你。在这个意义上,我们可以说,脸不是"被看见"(vu)。脸是那不能变成一个被思所囊括的内容者;脸是那不能被内容化者,脸将您带向超越(au-delà)。正是在这个意义上,脸的示意使脸得以脱离存在,从而不再是认知的相关项。与之相反,观看(vision)乃是对相即性的追求,是最能吸收存在的东西。可是,与脸的关系一上来就是伦理性的。脸是人所不能杀戮者,或者至少可以说,脸是那其意义在于说"汝莫杀"者。诚然,杀戮是个平常的事实:我们能够杀死他人;伦理要求并不是一种存在论的必然性。禁止杀戮并不会使谋杀变得不可能,即便这一禁令的权威在既已完成的恶所导致的良心不安中得到了体现——(所谓的)恶之痛(malignité du mal)①。这也出现在《圣经》中,投身于世的人的人性也同样暴露在经文中。然而,说真的,这些"伦理性奇特"——人的人性——在存在中的显现使存在破裂了。这一显现一直在示意着,即便存在总会继续自身、恢复自身。

菲利普·尼莫:他人是脸;然而他人也向我说话,而且我也向他说话。人的话语是否也是一种打破您称之为"总体"的东西的方式?

列维纳斯:当然。脸和话语是相联系的。脸说话。脸在这个意义上说话:是脸让所有的话语得以可能,是脸让所有的话语得以开启。我刚才弃绝了观看(vision)这一概念,以探讨与他人的本真关系;这一本真关系正是话语,或者更确切地说,是回应(réponse)或责任(responsabilité)。

菲利普·尼莫:既然伦理关系是超出认知的,而且,另一方面,伦理关系是本真地被话语承担的,那么,话语本身是不属于认知的喽?

列维纳斯:实际上,在话语中,我一直都把说(dire)和既说(dit)分开。说包含着既说,这是一种不得不然,就好像社会——以及法律、机构和社会关系——是一种不得不然。但,说乃是这一事实:面对着一张脸,我并非仅仅杵在那儿打量它;我得回应它。说是一种问候(saluer)他人的方式,而问候他人,就已经是为他人负责。面对他人的在场,什么都不说是困难的;这一困难的终极基础在于:说有其本己的意味,无论到底说的是什么。必须说点什

---

① 关于"恶之痛",可参考《论来到观念的上帝》中译本第206页。——中译注

么,说下雨,说晴天,说什么不重要,但必须说,必须回应他人,而回应他人就已经是应承他人了,就是说已经是为他人负责了。①

菲利普·尼莫:您说,在他人的脸上,有一种"升高"(élévation),一种"高度"。他人比我更高。请问您这话是什么意思?

列维纳斯:"汝莫杀"是脸的第一话语。然而,这是个命令。在脸的显现中有一个诫命(commandement),就好像是主人在向我说话。尽管如此,他人的脸同时却也是贫乏的;他是我可以对之为所欲为的可怜人,也是我该他一切的人。而我,无论我是谁,既作为"第一人",就是那应寻找资源以回应他人之呼唤者。

菲利普·尼莫:可是,人们会想告诉您:诚然,在有的情况下确是如此……然而,在另一些情况下,与他人的遭遇却是在暴力、仇恨和蔑视中进行的。

列维纳斯:的确。但我认为,无论这种倒置背后的动因是什么,我刚才所做的对脸的分析——包括他人的主宰和贫乏,包括我的臣服和财富——都是首要的(première)。这对脸的分析是人所有关系的前提。如果本没有这个,我们就甚至不会在一扇敞开的门前说:"您先请,我的先生!"我所尝试描述的正是一个原初的"您先请,我的先生!"。

您谈到了仇恨这一激烈的情绪。我怕的其实是一个严厉得多的诘问:惩罚和压制何以能够施行?正义何以能够有?我的回答

---

① 对此,也可参见《异于存在或本质之外》法文版第183页注释7(中译本第337—338页注释5)。——中译注

是:是人的复数性这一事实,是第三人在他人身旁的在场,是这些决定了法律并建立正义。如果我仅仅是和他者在一起,那么我一切都是该他的;但是:还有第三人。我知道我的邻人是相对于第三人而在的吗?我知道第三人是和邻人相处融洽抑或是邻人的受害者吗?谁是我的邻人?因此,必须权衡,必须考量,必须判断——通过比较那不可被比较者。我与他人之间建立的这种人际关系,我也必须和其他的人建立;因此,有必要限制他人的优先性;正义正是由此而来。诚然,为实施正义,各种机构是不可避免的,然而,正义应当永远由最启初的人际关系来控制。①

菲利普·尼莫:所以说,在您的形而上学中,至为关键的经验,就是使脱离海德格尔那种关于中性之物的存在论——那种没有道德的存在论——得以可能的那种经验。您是否正是从这种伦理经验出发构建一门"伦理学"(une "éthique")的?既然伦理学是由规范构成的,那么,之后要做的就是必须建立起种种规范?

列维纳斯:我的任务不是去构建伦理学;我所尝试做的仅仅是探究伦理的意义(sens)。我不认为所有的哲学都必须是程序性的(programmatique)。倡导哲学程序这一观念的主要是胡塞尔。根据我刚才所说的,人们无疑可以构建起一种伦理学,但这并不是我自己的课题。

菲利普·尼莫:您能具体解释一下在脸上对伦理(l'éthique)的这一发现是如何与总体哲学决裂的吗?

---

① 关于"第三人",可参考《异于存在或本质之外》中译本第366—368页,以及《论来到观念的上帝》中译本第134—135页。——中译注

列维纳斯：绝对知——哲学所寻求、承诺或推介的那种绝对知——乃是一种对等同者(l'Égal)的思。在真理中,存在是被囊括了的。即便真理被认为永远都不是终极的真理,对一个更加完全、更加相即的真理的许诺却是的的确确存在的。诚然,我们所是的有限存在最终做不到完成认知这么一项任务,然而,在这一任务被切实完成的范围内和程度上,这一任务就在于将他者变成同者。而与之相反,无限观念意味着一种对那不等同者(l'Inégal)①的思。我是从笛卡尔的无限观念开始的,在笛卡尔看来,无限这一观念之 *ideatum*(所思/观念之对象)——也就是说无限这一观念所瞄向者——是无限地大于我们借之思考它的行为本身的。这行为与这行为通达者不成比例(disproportion)。这一点,对于笛卡尔来说,是上帝存在的证据之一：思不可能产生超出它的东西。所以,事实只能是：这东西必然是已被放置在我们这里的。因此,必须承认有一位无限的上帝,他将无限的观念置放进我们心里。但是,在这里,让我感兴趣的并不是笛卡尔所寻找的证据。我在这里带着惊讶思考的是笛卡尔所谓的上帝观念的"客观现实"和"形式性现实"之间的不成比例,是"置放"进我心里的观念这一如此反希腊的悖谬本身——尽管苏格拉底已经告诉我们：根本不可能将一个不是在思里已经发现了的观念从外置放进思。

然而,在我描述了其来临的脸上,同样发生着行为所通达者对行为的那种超越。在对脸的通达中,无疑,也有对上帝观念的通

---

① 这里的"l'inégal"和"l'Égal"、"adéquation"(相即性)是相对反的。——中译注

达。在笛卡尔那里，无限观念依然是一种理论性的观念，一种沉思，一种认知。而我则认为，与无限的关系并非一种认知，而是一种欲望(Désir)。我曾通过以下这一事实尝试描述欲望和需求间的差异：欲望不能被满足；欲望会以某种方式从自身之饥饿获得滋养并且会从其满足中获得增强；欲望就好像是这么一种思：出乎其思，或出乎其所思。这一结构或许不乏悖谬，然而，它并不比无限在一个有限的行为中的在场更加悖谬。

八、对他人的责任

菲利普·尼莫：在您最近的那本大作《异于存在或本质之外》中，您谈到了道德责任。胡塞尔论说过责任，但他所说的是对真理的责任；海德格尔论说过本真性；那么，至于您，您所谓的责任是什么意思？

列维纳斯：在这本书中，我将责任看作主体（性）的基础性、首要性和根本性结构。因为我是用伦理的术语描述主体性的。伦理，在这里，并不是附加在一个先在的存在性基础之上的层面；正是在被理解作责任的伦理中，主体的结（nœud）①本身被缔造。

我将责任理解为为他人的责任，因此，也就是为那并不是我的所作所为者的责任，甚至为那些根本与我无关者的责任；也可以说是对那恰恰关系到我者——那被我作为脸接近者——的责任。

---

① 列维纳斯对该词的使用，可参见《论来到观念的上帝》中译本第9页（那里译为"纽结"），以及本书第74页。——中译注

菲利普·尼莫：在他人的脸上发现了他人之后，是如何发现我们为他负有责任的呢？

列维纳斯：通过肯定性地——而不仅仅是否定性地——描述脸。您应该还记得，我们说过：对脸的接近并不是单纯的感知，并不是朝向相即性的意向性。肯定性地，我们会说，他人一看我，我就已是负有责任的了，我甚至都不需去承担起为他的责任；为他的责任降于我(m'incombe)。这是一种超出了我的所作所为的责任。习惯上，我们都是为我们自己的所作所为负责。在《异于存在或本质之外》一书中，我则说，责任最一开始就是为他人（un pour autrui）。这话的意思是我甚至对他人的责任负有责任。

菲利普·尼莫：为他人的责任怎么就界定了主体性的结构了呢？

列维纳斯：责任实际上并不是主体的随便某种属性，就好像主体在伦理关系之前就已经自在地存在似的。① 主体并不是个自为者(un pour soi)；我想再说一遍，主体是最一开始就为他者的（pour un autre）。他人的邻近性在《异于存在或本质之外》一书中被界定为这一事实：他人并不是仅仅在空间中邻近我，也不仅仅是作为亲属邻近我，而是趋近(approcher)我——在如下本质性的意义上，即我的自身觉知(je me sens)就是［我的存在就是(je suis 或译为：我就是)］为他负责。② 这一结构在我看来全然不同于那种在认知

---

① 关于主体和伦理，更详细的说明可参见《论来到观念的上帝》中译本第148页。——中译注
② 对此，可参考《异于存在或本质之外》法文版第102—124页，中译本第196—234页。——中译注

中将我们链接于对象的意向关系——无论这对象是什么,就算充当对象的是人也不行。邻近性不能被归结为这种意向性,尤其是,它不能被归结为"他人为我所了解"这一事实。

菲利普·尼莫:我可以了解某人到非常彻底的程度,但是,这种了解本身永远也不会是一种邻近性?

列维纳斯:永远也不会。与他人的关联只能作为责任而缔结——无论这责任到底是被承担起还是被拒绝,无论人们是否知道如何承担这责任,无论人们是否能够为他人做出具体的事情。说"看!我在这!"、为他人做些什么、赠予(donner)——人的精神,指的正是这些。对人这一主体而言,其肉身性(incarnation)保证了其精神性(我无法想见天使能够相互给予什么,也无法想见天使如何能够相互帮助)。侍奉(dia-conie)①先于所有的对话(dialogue):我是如此分析人际关系的,就好像在邻人的邻近性中——超出我对他人的观感——他的脸、他人之表达(人全部的身体,在此意义上,或多或少,都是脸),就是那命令我去为他服务者。我会用这个极端的表述。脸要求我并且命令我。脸作为示意,其所示者乃是一个命令。我想说得再明确些:如果说脸示意一个命令,那么这并不是以随便某个符号(signe)示意其所指(signifié)的

---

① 本书英译者将这里的"dia-conie"(侍奉)视作"dia-chronie"(解-时序)的误植,我们不同意这种看法。在《他人的人道主义》(*Humanisme de l'autre homme*, Fata Morgana, Montpellier, 1972, p. 50)及《与胡塞尔和海德格尔一起发现存在》(*En découvrant l'existence avec Husserl et Heidegger*, Vrin, Paris, 1994, p. 196)二书中,列维纳斯曾明确地将"diaconie"和"responsabilité"在近似的意义上使用。尤其是,在《专名》一书中(*Noms Propres*, Fata Morgana, Montpellier, 1976, pp. 106-109),列维纳斯还曾专门辟出一节探讨"diaconie"。——中译注

方式进行的;这一命令就是脸的示意(signifiance)本身。①

菲利普·尼莫:您同时说"他请求我"(il me demande)和"他命令我"。这不矛盾吗?

列维纳斯:他请求我,就好像我们在请求我们有权命令的人时会说:"我们请求您。"

菲利普·尼莫:可是,他人不也对我负有责任吗?

列维纳斯:或许吧,但是,那是他的事。《总体与无限》中有一个我们还没谈到的基础性论题:主体间的关系是一种不对称的关系②。在这个意义上,我对他人的责任是不期待他人对我的责任的,即使这会搭上我的性命。他人对我的责任,这是他的事。正是在他人和我之间的关系并非对称的这个意义上,我是臣服于(sujétion à)他人的;从本质上说,正是在这个意义上,我是"主体"(sujet)③。

---

① 列维纳斯多次指出他笔下的脸并非作为人事实上的器官的脸,而是"抽象的脸",比如在 1964 年发表的"La signification et les sens"一文中:"脸是抽象的。[……]脸的抽象是往见(visitation)和来临,它打扰内在性,而又不固化在世界中的视域内。"(*Humanisme de l'autre homme*, Fata Morgana, Montpellier, 1972, p. 57)——中译注

② 关于"不对称",可参考《异于存在或本质之外》中译本第 369 页及《论来到观念的上帝》中译本第 149—150 页,239 页等处。也可参考《脸的不对称性:列维纳斯与荷兰电视台记者弗朗斯·居维的对话》(载《法兰西思想评论》第三卷,第 241—250 页,张尧均译,同济大学出版社,2008 年;法文版:Emmanuel Levinas, "L'Asymétrie du visage, Interview d'Emmanuel Levinas par France Guwy pour la télévision néerlandaise (1986)", in *Cités* n°25, PUF, Paris, 2006)。——中译注

③ 法语词"sujet"的字面意思是"被抛置在……之下的,臣属于……的,附属于……的",这也是"sujet"一词早期仅有的意思。直至康德"主体"哲学传入法国,法语的"sujet"才有了主动意味。可以说,列维纳斯所一直致力于的就是恢复"sujet"这层本原的被动意味:assujetti à l'autrui(献身予他人的)。——中译注

承载这一切的是我。① 您应该知道陀思妥耶夫斯基的这句话:"我们每个人都应该因一切人和一切事,对一切人负起罪责,而我,相较他人,更是如此。"② 并不是因为我切实犯下了某桩罪行,并不是因为我犯了某个错误;而是由于我所负的乃是一种完全的责任,这责任应承所有的他者,应承他者的一切,甚至于他者的责任。我(le moi)比其他人永远都负有更多的责任。

菲利普·尼莫:这就是说,如果其他的人不做他们应该做的,那么,这是因为我喽?③

列维纳斯:我曾经在某个地方说过④——这个说法我不太喜欢提起,因为它必须为很多其他的考虑所补充——我当为我所遭受的迫害负责。但,仅仅是我!我的"亲友"和我的"同胞"就已经是他者了,对于他们,我要求正义。

菲利普·尼莫:您竟甚至于此!

列维纳斯:因为我甚至是为他人的责任负责的。这类表述很极端,不应该把它们从它们的语境中剥离出来。在具体情境(le concret)中,很多其他的考虑会进来,甚至可能会也为我要求正义。

---

① 关于"承载世界",《异于存在或本质之外》(法文版第157页)中有更细致的说法:"承载宇宙——摧毁性的负担,却也是神圣的不安(inconfort)。"(伍晓明译本作:"支撑宇宙——难堪之重负,然亦神圣之不适。")——中译注

② Les Frères Karamazov,《La Pléiade》, p. 310. ——原注
中译请参考:《卡拉马佐夫兄弟》,耿济之译,人民文学出版社,1981年,第432—433页;或荣如德译,上海译文出版社,2004年,第341—342页。另,列维纳斯曾多次引用这句话,可参考比如《异于存在或本质之外》中译本第343页,《论来到观念的上帝》中译本第121、137页等处。——中译注

③ 访谈录音中此处作:"这就是说,如果其他的人不做他们应该做的,对此,我也只好承受。"——中译注

④ 关于迫害,可参考《论来到观念的上帝》中译本第137—138页,尤其可参考《异于存在或本质之外》一书第四章《替代》。——中译注

在实践中,法律也并不计较我的行为的某些后果。然而,正义,只有当保有"破出存在"(dés-inter-essement)这一精神时——驱动着为他人的责任这一观念的正是"破出存在"这一精神——才会有意义。原则上,自我不脱离开其"第一人"的位置;自我支撑着世界。主体性——主体性正是在为他人的责任降于主体的运动中被构造的——会甚至于对他人的替代(la substitution pour autrui)。主体承担起人质这一身份(la condition)——或者说这一最没有身份的身份(l'incondition)。主体本身起初就是人质;主体回应他人,这一回应甚至于为他者赎罪。

　　人们可能会对这个构想表示否定和反感,认为它是乌托邦式的,认为它对于一个我(un moi)来说是不人道的。但是,人之人性——真正的生活——是不在场的。① 历史的和客观的存在中的人性、主体性之物以及人的心灵的凸显本身,在其原初警醒或者说清醒中,就是那从其存在状态中脱离出来的存在:"破出存在"(le dés-inter-essement)。书名"异于存在"所指的就是这个。存在论条件破裂了,或者说被打破了——在人这一(人质)身份或者说这一最没有身份的身份中。是人(être humain),这就意味着:就好像我们不是泯然于众多存在者中的一个存在者那样去生活。就好像,通过人的精神性,存在的诸范畴都被推翻并进而变成了"异于存在"(autrement qu'être)。并不是仅仅变成了"异样地存在"(être autrement);异样地存在仍然是存在。"异于存在"这一表述中,实

---

① "真正的生活是不在场的",这正是列维纳斯《总体与无限》第一部分第一章第一节第一句。——中译注

际上,并不带有动词①,一个能标识异于存在之打扰、之"破出存在"、之质疑存在者的存在——或者说存在者之存在化(essement)——这一事件的动词。

　　承载他人的是我,为他人负责的是我。如此一来我们就看到了:在主体的人这里,与一个彻底的臣服同时,显现出了我的(长子)特权(primo-géniture)②。我的责任是不可让渡的,没人能代替我。实际上,问题的实质在于从责任出发来界说作为人的我的身份本身,也就是说从在自我意识中至尊无上的我的这一地位(position)或者说这一逊位(déposition)——这一逊位正是主体对他人的责任——出发来界说。责任是那独独降于我者,是那我,作为人(humainement),所无法拒绝者。这一负担是唯一者(l'unique)的无上尊荣。不可替换的我:仅仅在我是负责任的这一意义上,我才是我。我可以替代任何人,但是没有人可以来替代我。这就是我不可让渡的身份:主体。正是在这个意义上,陀思妥耶夫斯基说:"我们每个人都应该因一切人和一切事,对一切人负起罪责,而我,相较他人,更是如此。"

---

　　① 即上文所说的海德格尔认为存在是一个动词。——中译注
　　② 关于(长子)特权(primo-géniture),可参考《出于主体》(Hors Sujet, 1987, Fata Morgana, Montpellier, p. 65)、《论来到观念的上帝》(中译本第 265—268 页),以及列维纳斯 1989 年所写作的《哲学与超越》一文的结语[此文后收录于《他异性与超越性》一书(Altérité et transcendance, 1995, Fata Morgana, Montpellier)]。——中译注

九、见证之荣耀

菲利普·尼莫:伦理关系使我们得以逃离存在之"孤独"。可是,如果我们不再在存在之中了,那么我们还能说是在社会中吗?

列维纳斯:您想问的是,《总体与无限》标题中的无限怎么样了?我不惧怕上帝这个词语,它在我的文章中经常出现。无限从他人的脸这一示意来临我的观念。脸示意无限。无限从来不作为课题显现,而是显现在这一伦理示意本身中,也就是说在这一事实中:我越是公正的,就越是负有责任的;面对他人,我永远都是负债的。

菲利普·尼莫:在伦理要求中有一种无限,因为这要求是无法被满足的?

列维纳斯:是的。伦理要求是对神圣性的要求。无论什么时候、无论是谁都不能说:我已尽了我的全部义务。除了伪君子……正是在这个意义上,有一个超出那被限定者的裂口;这就是无限的显现。这显现并不是"揭蔽"意义上的"显现",揭蔽意义上的显现是与一个被给予物的相即。与无限的关系则恰恰相反,因为此关系最本己的一点就是:它不是揭蔽。当在他人面前我说"看,我在这!"时,这个"看!我在这!"正是无限进入言语——进入言语但自身并不被看见——的地方。无限不显现,因为它没有被课题化——至少最起初没有。"不可见的上帝"不能被理解为不可为感官所见的上帝,而是应当被理解为那不可在思中被课题化的上帝,应当被理解作虽然不可被课题化却对非课题化的思——甚至对或许都说不上是意向性的思——并非无动于衷者。

我给您讲讲犹太神秘主义的一个独特之处。在由古时的权威所定下的一些非常老的祷告词中,信徒们开始时用"你"称呼上帝,但结束时说的却是"他",就好像,在"你"邻近的过程中,上帝在"他"那里的超趣(性)突然降临了。这就是在我的描述中被我称作无限之"他性"(illéité)者!如此,在"看!我在这!"——即他人之邻近——中,无限并不显现。那么,无限是如何获得意义的呢?我会说:那说"看!我在这!"的主体见证无限。正是通过这一见证——这一见证的真理并不是再现的真理也不是感知的真理——无限之灵启(révélation)得以产生。正是通过这一见证,无限之荣耀得以显耀自身。"荣耀"这一术语不隶属于沉思的言语。

菲利普·尼莫:等一下,在见证中,到底是谁在见证什么?在见证谁?您所说的见证者或先知,他看见发生的是什么,他必须去做见证的是什么?

列维纳斯:您这么问就说明您依然认为见证是基于认识和课题化的。诚然,我所试图描述的见证概念暗示了一种灵启的方式,然而,这灵启并不给予我们什么。哲学言说则总是回归到课题化……

菲利普·尼莫:……人们此外还可以问您:那您为什么在课题化这一切?而且,就在此时此刻您就在进行课题化。这在某种意义上是不是也是为了作见证?

列维纳斯:我自然也如此自问过。我曾在某处说过,哲学言说是一种永远都必须解-说自身(se dédire)的言说。我甚至将解-说当成了哲思的一种本己方式。诚然,我不否认哲学是一种认识,因为哲学命名那甚至不可名状者,并且课题化那不可被当成课题者。然而,在如此赋予那与话语之诸种范畴决裂者以所说(dit)这一形式时,哲学或许会在所说中铭刻下这一决裂的痕迹。①

伦理见证是一种灵启(révélation),这种灵启不是认识。但是,还必须说明的是:我们以这种模式所"见证"的只有无限、只有上帝——无限、上帝是任何在场、任何现时性(actualité)都不能够囊而括之者。不存在现时的(actuel)无限,哲学家们如是说。那被认作无限之"缺陷"的,恰恰相反,正是无限的一个肯定性特点——是无限的无限化②(infinité)本身。

在《异于存在或本质之外》中,我曾写下这样的话:"无限非任何课题——任何当下在场——所能(为力)者;无限为主体所见证,因为在主体这里,他者在同者之中——在这个意义上:同者是为他

---

① 关于 dire 与 dit,可参考《总体与无限》前言最后一段以及《异于存在或本质之外》第二章第三、四节。——中译注

② 我们用"化"而不用"性",有取列维纳斯用 essance 代替 essence(即用过程-事件代替结果-实体)之意。——中译注

者的。因为在主体这里,邻近性之差异随着邻近性之增加而越发被吸收;而且,通过这一'吸收'本身,邻近性之差异更加荣耀地凸显并且更加多地要求于我。因为在主体这里,同者,在其安居之地,越来越被他者所束缚,此束缚甚至于要作为人质去替代他人,此束缚甚至是赎罪,这赎罪归根到底就是在启示(inspiration)和心灵中发生的同者向他者的那超乎寻常的、解-时序的翻转(renversement)。"①我想说的是:他者或无限显现在主体中的方式即是"灵启"这一现象本身,而且,由此这一方式也定义了心灵原素,即心灵之气息(pneumatique)本身。

菲利普·尼莫:也就是说定义了灵(l'Esprit)。这么一来,虽未被见到,上帝还是被做了见证;虽未被课题化,上帝还是得到了证明。

列维纳斯:见证者为经由他被说出的东西做见证。因为见证者面对他人说了"看!我在这!";而且,既然面对他人时承认了降于自己的责任,那么应该说,见证者就已经展示了他人的脸既已示意给他的东西。无限之荣耀通过它在见证者这里所能够做的揭示自身。

菲利普·尼莫:因为,说"看,我在这!"就等于是通过对比展现出某种高于生与死的东西,一种因此是荣耀的东西——尤其是当考虑到这一事实:生命看起来是走向一个与此全然相反的方向的,因为生命想要的只有它自身,只是坚执于存在中(persistance dans

---

① *Autrement qu'être ou au-delà de l'essence*, Martinus Nijhoff, La Haye, 1972, p. 186—187. ——原注

l'être)。

列维纳斯：上帝的荣耀，此即所谓的"异于存在"。"笛卡尔的无限观念——即那种栖于一种不能够囊括它的思之中的无限观念——表达了荣耀与当下在场之间的不相称。这不相称正是启示本身。在超出了我的能力的重负之下，一个比所有与行为（actes）相关的被动性都更加被动的被动性、我的被动性爆裂为说'看！我在这！'，在见证之真诚中，无限之外在性以某种方式变成了'内在性'（intériorité）。"①

菲利普·尼莫：无限被吸收了，如果不是被认知了的话？

列维纳斯：不。无限发命令。

菲利普·尼莫：至少，在这个意义上，无限并不是外在的；无限的的确确是被接近了的。

列维纳斯：的确如此。无限发命令，并且，在此意义上，它是内在的。"荣耀不像再现——也不像我必须去自置于其面前的对话者——那样来触发我；荣耀在我的说中荣耀着，荣耀通过我自己的口命令我。内在性因此并不是在我之内某处的一个秘密地点；内在性正是这一翻转本身：在这一翻转中，那卓越的外在者——恰恰由于这一卓越的外在性，由于不可被囊括为内容，并因此不可能进入一个课题——作为无限者而例外于本质，并且关涉到我，包围住我，并且通过我的声音本身命令于我。这是一种由被命令者的口所发出的命令，无限外在者变成了内在的声音，然而，这声音见证

---

① *Autrement qu'être ou au delà de l'essence*, Martinus Nijhoff, La Haye, 1972, p. 187.——原注

的是内在秘密的破裂——通过向他人示意。此示意之所示乃此示意的(被)给予本身。一条曲折的路。克洛岱尔曾取葡萄牙谚语'上帝笔虽曲,意则直。'为其著作《缎子鞋》①作题词。这谚语可以在我刚才所阐述的意义上理解。"②

---

① 中译本请参考:《缎子鞋》,余中先译,吉林出版集团有限责任公司,2012年。——中译注
② *Autrement qu'être ou au delà de l'essence*, Martinus Nijhoff, La Haye, 1972, p. 187. ——原注

十、哲学之难和宗教之慰藉

菲利普·尼莫: 您坚持一种不能被还原为课题性的认知的见证。这其中是不是有一种对预言(prophétisme)的间接界定呢?

列维纳斯: 预言,实际上,是灵启的基本模式——这么说的前提当然是在一种比被我们称作预言家者所拥有的特殊的天分、才能和召唤能力宽广得多的意义上理解预言。我将预言看作人的境况(condition)本身的一个要素。担当起为他人的责任对于所有的人都是一种见证无限之荣耀的方式,而且也是一种被灵启的方式。预言的的确确是有的,启示的的确确是有的,就在那具体地知道被要求做的是什么之前就已经——吊诡地——回应他人的人那里。这一先于律法的责任即上帝之灵启。先知阿摩司曾如是说:"上帝已经发话,谁能不预(解其)言?"①这里,预言就像是被确立为成全

---

① Amos, 3, 8.——原注
对此也可参考《论来到观念的上帝》中译本第 125—129 页。——中译注

人之人性的基础性事实。此外,除了这一无边的伦理要求,预言还体现为文本和书这等具体的形式。在这些变成了宗教的、具体的形式中,人们找到了慰藉。① 不过,这并不会使我刚才所试图界定的严格结构变得有问题;在此严格的结构中,负责任的、承担起宇宙的永远是我——无论历史后续走向如何。

关于我刚刚阐释的这几个想法,我曾经被问到,弥赛亚这个想法对于我是否还有意义,是否有必要保留历史的最终阶段这样一个想法——在这样一个阶段中,人类将不再是暴力的,人类将彻底破出存在之壳,一切都将被照亮。我的回答是:为了能够配得上弥赛亚时代,就必须承认伦理有一种意义,就算没有弥赛亚的应许。②

菲利普·尼莫:建制宗教——或者,至少,在西方可辨识出的三大有经宗教——都是由它们与已经确切地固定了下来的、包含着启示录的文本的关系来定义的;可是,在您谈到"见证"带来的"灵启"时,您似乎找到了宗教真理的另一个起源,而且此起源就在当下。

列维纳斯:我说的那些当然只对我有约束力!③ 我对此问题的回答正是在这个意义上进行的。《圣经》是预言的结果;《圣经》

---

① 关于预言,《异于存在或本质之外》第五章第五节《见证与预言》(法文版第190—194页;中译本第349—357页)中有更加详尽的阐述。——中译注

② 列维纳斯曾经在1987年的一次访谈(Dialogue sur le penser-à-l'autre, in *Entre Nous. Essais sur le penser-à-l'autre*, Éditions Grasset & Fasquelle, Paris, 1991, p.242-243)中谈及犹太教时做过类似的回答:"犹太教之所以成立,并非因为它的历史会有一个'happy end',而是因为这一历史对托拉(Thora)之教导的忠诚。"——中译注

③ 访谈中,此句后还有一句:"对这一点做出明确的说明是非常重要的。"——中译注

中，伦理见证——请注意我这里使用的是伦理见证，而非伦理"经验"①这一表述——被以文字的形式呈现了出来，对于这一点，我是深信不疑的。而且，这一点也是完全符合作为为他人之责任的人之人性的——在前面的访谈中我们已阐述过这一责任。今天，历史性批判研究表明了：与几个世纪前人们所认为的相反，《圣经》有多个作者，而且这些作者还是分属非常不同的时代的。不过，这并没有改变我所深信不疑的上述这一点，相反，倒是加强了它。因为我一直都认为：《圣经》的伟大奇迹全然不在于其中的所有文本有一个共同的起源，而是相反，在于不同的文本向同一个本质性内容的会流。会流这一奇迹比作者的唯一性这一奇迹要意味深长得多。不过，这一会流的极点是伦理——伦理毫无疑问地主宰着《圣经》全书。

菲利普·尼莫：您是否会甚至于说任何伦理性的人在任何时间、在任何地方都可以提供可能构成一部《圣经》的书面或口头见证？或者，属于不同传统的人们——甚至不属于任何宗教传统中的人们——也可以有一部共同的（commune）《圣经》？

列维纳斯：是的，伦理真理是共同的（commune）。对《圣经》的阅读，即便是各不相同的，依然表现了每个人带给《圣经》的东西。

---

① 列维纳斯在其思想的后期对"经验"一词多有保留，可参考《论来到观念的上帝》中译本第148页的相关论述。——中译注

阅读的主观条件对于预言的阅读是必要的。① 但是,这里一定得加上对质和对话的必要性。由此,所有那些要诉诸传统的问题就出现了,不过,诉诸传统并不是顺从,而是解释(学)。

菲利普·尼莫:这些对于犹太人和基督徒对同一本《圣经》的阅读或许是成立的。然而,我上面想要问的不止于这些。我刚才想说的是:如果揭示无限之荣耀的是伦理见证,而不是某个包含着某些知识的文本,那么,《圣经》本身的优先性何在? 如此,是不是就可以像阅读《圣经》那样去阅读柏拉图或者其他那些人在其中认出了对无限之见证的伟大文本了呢?

列维纳斯:我刚才的话里将人描述成了一个在存在中的突破,此突破使得存在者通过强加给他者同一性而得来的那种骄傲的独立自主性成了问题;但是,需要说明的是,在这么做时,我并没有诉诸"内在性"那"不可测的"且乌托邦式的深度。我说到了圣书(l'Écriture)和《圣经》(le Livre)。我想到了它们的坚固性,这坚固性已经在所有的语言中变得厚实,已如同《圣经》中的话(dure comme un verset),在由短剑或羽笔刻记成文字之前。人们所说的铭写在灵魂里的首先是铭写在书籍里的,但书籍的地位一直都被太过仓促地贬低到工具或者自然或历史的文化产品的行列;然而

---

① 对此,可参考列维纳斯 1974 年在塔木德讲座《天命与人事》(*Nouvelles lectures talmudiques*, les Éditions de Minuit, Paris, 1996, p. 20)中的说法:"面对着我们这里所使用的如此浩繁的印刷文献,我们或许忘掉了什么是阅读,我们忘却了那将《圣经》和文献区分开来的东西:灵感——那脱去了所有的枝节和作为灵感之具体时机的'体验'的灵感——此灵感在圣书中呈现出来,每个灵魂都被呼唤到圣书中去做注解,这种注解既为对文本的严格阅读所规范,同时又为每个灵魂所带来的东西的独一性所规范,这独一性也是每个灵魂的发现,是每个灵魂的份。"——中译注

实际上，书籍文字在存在中施行了一次断裂，而且，这些文字不能被归结到某个所谓的内在声音或"价值"的规范性抽象上去，就好像我们处身其中的世界本身不能被化约到世界中诸对象的对象性上去一样。我认为，在所有的文字中，在诉说着的，在含糊不清地表达着的，在给予自己一个容止的，在与对其进行的歪曲性描画做着斗争的，是人的脸。尽管为如此多的恐怖行径所丑化了的欧洲中心论已经终结了，但是，我仍然相信在希腊文字和我们的全都得益于希腊文字的文字中所表达出的人的脸的卓越性（éminence）。正是多亏了这些文字，我们的历史才让我们感到愧疚。在各民族的文字中都有对神圣书写（l'Écriture sainte）的参与：在荷马与柏拉图那里，在拉辛与维克多·雨果那里，在普希金、陀思妥耶夫斯基和歌德那里，当然，也在托尔斯泰和阿格农①那里。然而，我确信：书中之书②在预言意义上的卓越性是无与伦比的，这书中之书是世界上所有的文字都在期待着的，或者说世界上所有的文字都是对这书中之书的评注。《圣经》（les Saintes Écritures）并不是通过对其超自然的或神圣的起源的独断论式叙述而示意，而是通过对为《圣经》所照亮的他人的脸的表达而示意——在他人的脸给予自身一个容止或姿态之前。我们所是的历史性存在对世界之日常的操心有多么急迫，这一表达就有多么地不可抗拒。《圣经》通过它在这么多世纪中在其读者那里所唤醒的所有东西——以及它从

---

① 萨缪尔·约瑟夫·阿格农（Samuel Josef Agnon, 1888—1970），以色列作家，1966年获诺贝尔文学奖。列维纳斯有专门的探讨阿格农的文章"Poésie et résurrection. Notes sur Agnon"（Les Nouveaux Cahiers, n° 32, 1973），此文后收录于《专名》（Noms propres, Fata Morgana, Montpellier, 1976)一书。——中译注

② 即《圣经》。——中译注

这些读者的注解中获得的东西和这些注解的传递——向我示意。每当在我们的存在中,此在心安理得的良好自我意识被质疑时,每当这种严彻的断裂发生时,都是《圣经》在发出诫命。《圣经》的神圣性正在于此,而不在于任何圣事之意谓;这是独一无二的身份,不可以被还原为"美丽心灵"之梦,如果说还可以把在摇动和撕裂着的——虽有不断重新结构自身的历史之结(nœud)——这股危机之风(或者说这一精神)①叫作身份的话。

菲利普·尼莫:因此,本质上,通向无限的道路对于每个人来说都是同一条。然而,只有各种具体的宗教才能给予人慰藉。伦理要求是普遍的,而慰藉却是家庭事务?

列维纳斯:的确,宗教与哲学不是一回事:哲学并不一定带来宗教所能给予的慰藉。预言和伦理绝对不排斥宗教之慰藉;然而,我要再重复一遍:能够配得上这慰藉的,或许,只有也可以不要这慰藉的人。

菲利普·尼莫:让我们来谈谈您最近的工作。如今,您正在深化您对为他人的责任的思考——通过思考对于他人之死的责任。请问这一点该怎么理解?

列维纳斯:我认为,在为他人的责任中,我们说到底是对他人的死负责任的。他人的看,其直接性(rectitude)难道不是那最卓越的暴露,即向死的暴露吗?脸,那最直接(droiture)不过的脸,是

---

① 列维纳斯在这里把"vent"(风)和"esprit"(精神、灵)等同,这无疑呼应着《圣经·创世纪》开篇的第二句话"神的灵运行在水面上"(中文和合本)中的"灵"。从字面上讲,希伯来语原文中的"רוח"的确既可以解作"风"也可以解作"精神、灵"。在这里,最意味深长的当然是列维纳斯用《创世纪》中的这个"精神、灵"来接引和阐发他所论的听命者这样一种"独一无二的身份"这一事实。——中译注

那被死所瞄向者,是那"被死亡瞄得死死的"东西。他人的脸上作为要求被说出者,诚然意味着对给予和服务的吁求——或者说对给予和服务的命令——然而,在此基础上,在包含着这一点的同时,还意味着这一命令:不要将他人置之不理,哪怕当他人面临的是那难以避免的事情时。这很可能正是社会性之基础,是不带爱欲(éros)的爱之基础。对他者之死的畏无疑是为他者之责任的基础。

这样一种畏不同于怕。我认为,为他人的畏这一概念判然有别于海德格尔对情感(affectivité)——各种感觉、情绪、Befindlichkeit(现身情态)——所做的那些杰出分析。所有的情感,照海德格尔的分析,都有他所谓的双重意向性:情感是对某物的,同时也是为某物的。害怕是对令人害怕的某物的怕,同时也总是为我的怕。海德格尔一直强调这一事实:在德语中,表达情感的动词都是自反性的,正如在法语中的那样:s'émouvoir(感动)、s'effrayer(害怕)、s'attrister(伤心)等等。焦虑,在海德格尔看来,是一种特殊的情感,其中,其所对(le de)和其所为(le pour)合一了:对有限性的焦虑是为我的有限性的焦虑,而且,在某种意义上,所有的情感,由于这一向自我的回归,都归结到焦虑。然而,在我们看来,为他人的畏并不带有这一向自我的回归。难道,不正是在这为他人的畏里,对上帝的畏这一观念获得了意义,一种不再归结到嫉妒的上帝这一观念的意义?①

---

① 关于列维纳斯对"畏"的探讨,也可参见《论来到观念的上帝》中文版第89页以及第274—277页等处的阐述。关于对"畏"这一译名的选择,可参见该书中文版第89页的中译注1。——中译注

菲利普·尼莫：您说这种意义在哪里？

列维纳斯：在"破出存在"的畏，在胆怯、羞愧……无论如何，不在对惩罚的惧怕。

菲利普·尼莫：可是，如果为他人而畏，而不为自己畏，这样还能活吗？

列维纳斯：这个问题的确是我们最终必须提的。是不是我就必须投身于存在？是不是在存在之时，在坚执于存在之时，我就在杀人？

菲利普·尼莫：当然，因为这个生物学范式如今我们已经很熟悉，我们知道每个物种的生存都是以牺牲另一个物种为代价的，而且，在每个物种内部，每一个个体都夺取另一个个体的位置。人们若不杀戮就没法活。

列维纳斯：在如今这般运转着的社会中，人们不能在没有杀戮的情况下生存，或者至少不能在没有导致某人的死亡的情况下生存。因此，关于存在意义的最重要问题不是那个后来被海德格尔大加评说的莱布尼茨之问——为什么有东西存在而不是什么都不存在？① ——而是：是不是仅仅只是存在，我就已经在杀人？

菲利普·尼莫：不杀戮就没法活，至少，不斗争就没法活。从上述这一确证中，有的人得出了这样的观点：实际上，必须杀戮，而且暴力是服务于生命的，暴力是主宰着进化的。而您则是反对这样一种观点的，是吗？

---

① 对此，可参考比如海德格尔 *Einführung in die Metaphysik* 一书；中译本：《形而上学导论》，王庆节译，商务印书馆，2015年。——中译注

十、哲学之难和宗教之慰藉　　77

列维纳斯：人在存在中的爆破，我在这些访谈中所说的对存在的突破(percée)、存在的危机、异于存在等等，所有这些的重要标志实际上就是这一事实：最自然的成了最成问题的。我有资格存在吗？是不是我存在于这个世界上，这就篡夺了某人的位置？这是对那种幼稚而自然而然的对存在的坚执的质疑！

菲利普·尼莫：您在《异于存在或本质之外》一书题词中引用了帕斯卡尔的话："'这块地方是我的。'这种话正是整个大地上篡夺的起源和写照"① 以及"我们竭尽所能地利用欲念(concupiscence)，好使它为公益服务；但，这并无助益，而且只是假慈善。因为欲望说到底不过是仇恨"。您主张说这个问题是形而上学的最终极问题，或者说首要问题。那么，我想问您，您本人对

---

① Pascal, *Pensées*, Léon Brunschvicg 版第 295 条和第 451 条。——原注

中译文请参考：《思想录》，何兆武译，商务印书馆，1986 年，第 139、206 页，译文略有改动。第 295 条完整正文作："孩子们的话：'这块地方是我的''这儿是我的地'，这(种)话正是整个大地上篡夺的起源和写照。"须留意"我的，你的"作为此条标题所具有的提领作用，尤其是，此标题在帕斯卡尔原始手稿中以及很多新近的法语版本中(比如伽利玛出版社 2000 年的"La Pléiade"丛书版以及 Classiques Garnier 出版社的 2010 年版)都是自成一行的(Brunschvicg 本以及据此译出的 1986 年商务印书馆本和 2007 年上海人民出版社版本都未让标题独占一行，而是和正文编排在了同一行："我的，你的——这些可怜的孩子们说……")。对此，可参考帕斯卡尔《思想录》的原始手稿。手稿现收藏于法国国家图书馆(Bibliothèque nationale de France)，手稿电子版可见于其"Gallica"公版图书数据库。网址：https://gallica.bnf.fr/ark:/12148/btv1b52504189f.r=pens%C3%A9es%20pascal?rk=85837;2.——中译注

此的回答是什么？您难道会甚至于说，您无权活着？

列维纳斯：我完完全全无意教导说：对邻人的爱以及真正的人的生活会导致自杀。我想说的是：真正的人的生活不可能是一种将自身等于存在的那种自满自足的生活，一种宁静（quiétude）的生活；这真正的人的生活会唤醒自身向他者，也就是说永远都会再醒来；与许许多多令人宽慰的传统所认为的相反，存在永远都不是它自身的存在理由；那著名的 conatus essendi（存在努力）并不是所有权利和所有意义的起源。

译后记

列维纳斯之名 Emmanuel 是个颇常见的名字:远者如康德,近者如法国现任总统马克龙都叫 Emmanuel。此名源自希伯来语 עִמָּנוּאֵל(immânû 'él),意思是"上帝与我们同在",中文和合本译作"以马内利"。此名最初见于《圣经·旧约·以赛亚书》(7:14):"因此,主自己要给你们一个兆头,必有童女怀孕生子,给他起名叫以马内利。"(和合本)后来,《圣经·新约·马太福音》(1:23)中亦有如此解释:"这一切的事成就是要应验主借先知所说的话,说:必有童女怀孕生子;人要称他的名为以马内利。"(和合本)("以马内利"翻译过来就是"神与我们同在"。)列维纳斯一生哲思之宗旨,此一名,或可蔽之。

列维纳斯本人曾经在此书希伯来语译本出版之际的访谈中明确地肯定其导读功能:"这本书很好读。不光因为简短,更因为其中的论证都很容易理解、很具体。"(访谈名称:"Il faut savoir passer d'un langage à l'autre";访谈时间:1992 年;访谈出处:

Pardès 杂志,2012 年第 1 期,总第 51 期,第 151—165 页)。如今,此书已被翻译成多种语言:英译本(1985)、希伯来语译本(1995)、德译本(1996)、葡萄牙语译本(2007)、日语译本(2010)、意大利语译本(2014)、西班牙语译本(2015)。这在某种程度上也印证了作者的话。

而且,就内容而言,本书不仅可充当列维纳斯思想的一般性入门读物,还可视为对列维纳斯几部主要作品的分别导读。具体来说,第一、二章分别总结了作者与胡塞尔和海德格尔的关系;第三章梳理和回顾了早期的"il y a"和"实显"这对概念;第四、五章总结了《时间与他者》中的核心观念;第六、七章梳理了《总体与无限》中的主要概念,即"秘密""自由"和"脸";第八、九、十章则解说了作为《异于存在或本质之外》之主题的"责任""替代""见证"和"荣耀"等观念。如此看来,通过阅读此书,不仅初入门者可略窥列维纳斯思想之要旨,即便是行家,或亦能温故知新。

此外,此访谈出版的这一年——1982 年——列维纳斯还出版了其现象学三部曲的收官之作《论来到观念的上帝》以及讲解《塔木德》的集大成之作《单句之外》(*L'Au-delà du verset*)。将这三部处在其思想最成熟时期的著作(以及此前几年的讲课稿《上帝·死亡和时间》)放在一起对照阅读,想必颇可得相互发明之益。

考虑到此书或许会有一部分对列维纳斯著述不十分熟悉的读者,我们酌情添加了一些注释,希望不至于太过多余。

感谢我的导师、南京大学哲学系王恒教授对译文所做的校正。当然,译文中的不当及错误概由译者负责。

感谢法国国家图书馆(BnF)图像与数字授权部的 Pascale

Kahn 女士就帕斯卡尔《思想录》手稿的使用权限问题所给予的热心帮助。

感谢列维纳斯之子米歇尔·列维纳斯(Michaël Levinas)先生授权我们将此书翻译为中文于南京大学出版社出版。

阅读和翻译过程中,我们仔细聆听了列维纳斯和尼莫当年访谈的全部录音,着实获益良多。此系列录音可见于法国国立视听研究所(ina)的网站:https://www.ina.fr/PackVOD/PACK750137468。

译文中不妥及错误处,还望方家不吝赐教:triastros@hotmail.fr。

王士盛

《当代学术棱镜译丛》
已出书目

媒介文化系列

第二媒介时代 [美]马克·波斯特
电视与社会 [英]尼古拉斯·阿伯克龙比
思想无羁 [美]保罗·莱文森
媒介建构：流行文化中的大众媒介 [美]劳伦斯·格罗斯伯格 等
揣测与媒介：媒介现象学 [德]鲍里斯·格罗伊斯
媒介学宣言 [法]雷吉斯·德布雷
媒介研究批评术语集 [美]W. J. T. 米歇尔 马克·B. N. 汉森
解码广告：广告的意识形态与含义 [英]朱迪斯·威廉森

全球文化系列

认同的空间——全球媒介、电子世界景观与文化边界 [英]戴维·莫利
全球化的文化 [美]弗雷德里克·杰姆逊 三好将夫
全球化与文化 [英]约翰·汤姆林森
后现代转向 [美]斯蒂芬·贝斯特 道格拉斯·科尔纳
文化地理学 [英]迈克·克朗
文化的观念 [英]特瑞·伊格尔顿
主体的退隐 [德]彼得·毕尔格
反"日语论" [日]莲实重彦
酷的征服——商业文化、反主流文化与嬉皮消费主义的兴起 [美]托马斯·弗兰克
超越文化转向 [美]理查德·比尔纳其 等
全球现代性：全球资本主义时代的现代性 [美]阿里夫·德里克
文化政策 [澳]托比·米勒 [美]乔治·尤迪思

通俗文化系列

解读大众文化 [美]约翰·菲斯克
文化理论与通俗文化导论(第二版) [英]约翰·斯道雷
通俗文化、媒介和日常生活中的叙事 [美]阿瑟·阿萨·伯格
文化民粹主义 [英]吉姆·麦克盖根
詹姆斯·邦德:时代精神的特工 [德]维尔纳·格雷夫

消费文化系列

消费社会 [法]让·鲍德里亚
消费文化——20世纪后期英国男性气质和社会空间 [英]弗兰克·莫特
消费文化 [英]西莉娅·卢瑞

大师精粹系列

麦克卢汉精粹 [加]埃里克·麦克卢汉　弗兰克·秦格龙
卡尔·曼海姆精粹 [德]卡尔·曼海姆
沃勒斯坦精粹 [美]伊曼纽尔·沃勒斯坦
哈贝马斯精粹 [德]尤尔根·哈贝马斯
赫斯精粹 [德]莫泽斯·赫斯
九鬼周造著作精粹 [日]九鬼周造

社会学系列

孤独的人群 [美]大卫·理斯曼
世界风险社会 [德]乌尔里希·贝克
权力精英 [美]查尔斯·赖特·米尔斯
科学的社会用途——写给科学场的临床社会学 [法]皮埃尔·布尔迪厄
文化社会学——浮现中的理论视野 [美]戴安娜·克兰
白领:美国的中产阶级 [美]C.莱特·米尔斯

论文明、权力与知识 [德]诺贝特·埃利亚斯
解析社会:分析社会学原理 [瑞典]彼得·赫斯特洛姆
局外人:越轨的社会学研究 [美]霍华德·S.贝克尔
社会的构建 [美]爱德华·希尔斯

新学科系列

后殖民理论——语境 实践 政治 [英]巴特·穆尔-吉尔伯特
趣味社会学 [芬]尤卡·格罗瑙
跨越边界——知识学科 学科互涉 [美]朱丽·汤普森·克莱恩
人文地理学导论:21世纪的议题 [英]彼得·丹尼尔斯 等
文化学研究导论:理论基础·方法思路·研究视角 [德]安斯加·纽宁 [德]维拉·纽宁主编

世纪学术论争系列

"索卡尔事件"与科学大战 [美]艾伦·索卡尔 [法]雅克·德里达 等
沙滩上的房子 [美]诺里塔·克瑞杰
被困的普罗米修斯 [美]诺曼·列维特
科学知识:一种社会学的分析 [英]巴里·巴恩斯 大卫·布鲁尔 约翰·亨利
实践的冲撞——时间、力量与科学 [美]安德鲁·皮克林
爱因斯坦、历史与其他激情——20世纪末对科学的反叛 [美]杰拉尔德·霍尔顿
真理的代价:金钱如何影响科学规范 [美]戴维·雷斯尼克
科学的转型:有关"跨时代断裂论题"的争论 [德]艾尔弗拉德·诺德曼 [荷]汉斯·拉德 [德]格雷戈·希尔曼

广松哲学系列

物象化论的构图 [日]广松涉
事的世界观的前哨 [日]广松涉
文献学语境中的《德意志意识形态》 [日]广松涉

存在与意义（第一卷） [日]广松涉
存在与意义（第二卷） [日]广松涉
唯物史观的原像 [日]广松涉
哲学家广松涉的自白式回忆录 [日]广松涉
资本论的哲学 [日]广松涉
马克思主义的哲学 [日]广松涉
世界交互主体的存在结构 [日]广松涉

国外马克思主义与后马克思思潮系列

图绘意识形态 [斯洛文尼亚]斯拉沃热·齐泽克 等
自然的理由——生态学马克思主义研究 [美]詹姆斯·奥康纳
希望的空间 [美]大卫·哈维
甜蜜的暴力——悲剧的观念 [英]特里·伊格尔顿
晚期马克思主义 [美]弗雷德里克·杰姆逊
符号政治经济学批判 [法]让·鲍德里亚
世纪 [法]阿兰·巴迪欧
列宁、黑格尔和西方马克思主义：一种批判性研究 [美]凯文·安德森
列宁主义 [英]尼尔·哈丁
福柯、马克思主义与历史：生产方式与信息方式 [美]马克·波斯特
战后法国的存在主义马克思主义：从萨特到阿尔都塞 [美]马克·波斯特
反映 [德]汉斯·海因茨·霍尔茨
为什么是阿甘本？ [英]亚历克斯·默里
未来思想导论：关于马克思和海德格尔 [法]科斯塔斯·阿克塞洛斯
无尽的焦虑之梦：梦的记录（1941—1967）附《一桩两人共谋的凶杀案》（1985） [法]路易·阿尔都塞
马克思：技术思想家——从人的异化到征服世界 [法]科斯塔斯·阿克塞洛斯

经典补遗系列

卢卡奇早期文选 [匈]格奥尔格·卢卡奇

胡塞尔《几何学的起源》引论 [法]雅克·德里达
黑格尔的幽灵——政治哲学论文集[Ⅰ] [法]路易·阿尔都塞
语言与生命 [法]沙尔·巴依
意识的奥秘 [美]约翰·塞尔
论现象学流派 [法]保罗·利科
脑力劳动与体力劳动:西方历史的认识论 [德]阿尔弗雷德·索恩-雷特尔
黑格尔 [德]马丁·海德格尔
黑格尔的精神现象学 [德]马丁·海德格尔
生产运动:从历史统计学方面论国家和社会的一种新科学的基础的建立 [德]弗里德里希·威廉·舒尔茨

先锋派系列

先锋派散论——现代主义、表现主义和后现代性问题 [英]理查德·墨菲
诗歌的先锋派:博尔赫斯、奥登和布列东团体 [美]贝雷泰·E.斯特朗

情境主义国际系列

日常生活实践 1.实践的艺术 [法]米歇尔·德·塞托
日常生活实践 2.居住与烹饪 [法]米歇尔·德·塞托 吕斯·贾尔 皮埃尔·梅约尔
日常生活的革命 [法]鲁尔·瓦纳格姆
居伊·德波——诗歌革命 [法]樊尚·考夫曼
景观社会 [法]居伊·德波

当代文学理论系列

怎样做理论 [德]沃尔夫冈·伊瑟尔
21世纪批评述介 [英]朱利安·沃尔弗雷斯
后现代主义诗学:历史·理论·小说 [加]琳达·哈琴
大分野之后:现代主义、大众文化、后现代主义 [美]安德列亚斯·胡伊森
理论的幽灵:文学与常识 [法]安托万·孔帕尼翁

反抗的文化:拒绝表征 [美]贝尔·胡克斯
戏仿:古代、现代与后现代 [英]玛格丽特·A.罗斯
理论入门 [英]彼得·巴里
现代主义 [英]蒂姆·阿姆斯特朗
叙事的本质 [美]罗伯特·斯科尔斯 詹姆斯·费伦 罗伯特·凯洛格
文学制度 [美]杰弗里·J.威廉斯
新批评之后 [美]弗兰克·伦特里奇亚
文学批评史:从柏拉图到现在 [美]M.A.R.哈比布
德国浪漫主义文学理论 [美]恩斯特·贝勒尔
萌在他乡:米勒中国演讲集 [美]J.希利斯·米勒
文学的类别:文类和模态理论导论 [英]阿拉斯泰尔·福勒
思想絮语:文学批评自选集(1958—2002) [英]弗兰克·克默德
叙事的虚构性:有关历史、文学和理论的论文(1957—2007) [美]海登·怀特
21世纪的文学批评:理论的复兴 [美]文森特·B.里奇

核心概念系列

文化 [英]弗雷德·英格利斯
风险 [澳大利亚]狄波拉·勒普顿

学术研究指南系列

美学指南 [美]彼得·基维
文化研究指南 [美]托比·米勒
文化社会学指南 [美]马克·D.雅各布斯 南希·韦斯·汉拉恩
艺术理论指南 [英]保罗·史密斯 卡罗琳·瓦尔德

《德意志意识形态》与文献学系列

梁赞诺夫版《德意志意识形态·费尔巴哈》 [苏]大卫·鲍里索维奇·梁赞诺夫
《德意志意识形态》与MEGA文献研究 [韩]郑文吉

巴加图利亚版《德意志意识形态·费尔巴哈》 [俄]巴加图利亚
MEGA：陶伯特版《德意志意识形态·费尔巴哈》 [德]英格·陶伯特

当代美学理论系列

今日艺术理论 [美]诺埃尔·卡罗尔
艺术与社会理论——美学中的社会学论争 [英]奥斯汀·哈灵顿
艺术哲学：当代分析美学导论 [美]诺埃尔·卡罗尔
美的六种命名 [美]克里斯平·萨特韦尔
文化的政治及其他 [英]罗杰·斯克鲁顿
当代意大利美学精粹 周宪 [意]蒂齐亚娜·安迪娜

现代日本学术系列

带你踏上知识之旅 [日]中村雄二郎 山口昌男
反·哲学入门 [日]高桥哲哉
作为事件的阅读 [日]小森阳一
超越民族与历史 [日]小森阳一 高桥哲哉

现代思想史系列

现代主义的先驱：20世纪思潮里的群英谱 [美]威廉·R. 埃弗德尔
现代哲学简史 [英]罗杰·斯克拉顿
美国人对哲学的逃避：实用主义的谱系 [美]康乃尔·韦斯特
时空文化：1880—1918 [美]斯蒂芬·科恩

视觉文化与艺术史系列

可见的签名 [美]弗雷德里克·詹姆逊
摄影与电影 [英]戴维·卡帕尼
艺术史向导 [意]朱利奥·卡洛·阿尔甘 毛里齐奥·法焦洛
电影的虚拟生命 [美]D. N. 罗德维克
绘画中的世界观 [美]迈耶·夏皮罗

缪斯之艺:泛美学研究 [美]丹尼尔·奥尔布赖特
视觉艺术的现象学 [英]保罗·克劳瑟
总体屏幕:从电影到智能手机 [法]吉尔·利波维茨基
[法]让·塞鲁瓦
艺术史批评术语 [美]罗伯特·S.纳尔逊 [美]理查德·希夫
设计美学 [加拿大]简·福希
工艺理论:功能和美学表达 [美]霍华德·里萨蒂
艺术并非你想的那样 [美]唐纳德·普雷齐奥西 [美]克莱尔·法拉戈
艺术批评入门:历史、策略与声音 [美]克尔·休斯顿

当代逻辑理论与应用研究系列

重塑实在论:关于因果、目的和心智的精密理论 [美]罗伯特·C.孔斯
情境与态度 [美]乔恩·巴威斯 约翰·佩里
逻辑与社会:矛盾与可能世界 [美]乔恩·埃尔斯特
指称与意向性 [挪威]奥拉夫·阿斯海姆
说谎者悖论:真与循环 [美]乔恩·巴威斯 约翰·埃切曼迪

波兰尼意会哲学系列

认知与存在:迈克尔·波兰尼文集 [英]迈克尔·波兰尼
科学、信仰与社会 [英]迈克尔·波兰尼

现象学系列

伦理与无限:与菲利普·尼莫的对话 [法]伊曼努尔·列维纳斯

新马克思阅读系列

政治经济学批判:马克思《资本论》导论 [德]米夏埃尔·海因里希

西蒙东思想系列

论技术物的存在模式 [法]吉尔贝·西蒙东

Éthique et Infini - Dialogues avec Philippe Nemo
by Emmanuel Levinas
© Librairie Arthème Fayard，1982
Simplified Chinese Edition Copyright © 2020 by NJUP
All rights reserved.

江苏省版权局著作权合同登记　图字：10-2018-389号

图书在版编目(CIP)数据

伦理与无限：与菲利普·尼莫的对话／(法)伊曼努尔·列维纳斯著；王士盛译；王恒校译. —南京：南京大学出版社，2020.11(2024.5重印)
(当代学术棱镜译丛／张一兵主编)
ISBN 978-7-305-23656-3

Ⅰ. ①伦… Ⅱ. ①伊… ②王… ③王… Ⅲ. ①列维纳斯(Levinas，Emmanuel 1905—1995)－哲学思想 Ⅳ. ①B565.59

中国版本图书馆 CIP 数据核字(2020)第143320号

出版发行	南京大学出版社
社　　址	南京市汉口路22号　　邮　编　210093
丛 书 名	当代学术棱镜译丛
书　　名	伦理与无限:与菲利普·尼莫的对话 LUNLI YU WUXIAN: YU FEILIPU NIMO DE DUIHUA
著　　者	[法]伊曼努尔·列维纳斯
译　　者	王士盛
校　　译	王恒
责任编辑	张　静
助理编辑	巫闽花
照　　排	南京南琳图文制作有限公司
印　　刷	江苏凤凰通达印刷有限公司
开　　本	635 mm×965 mm　1/16开　印张6.5　字数72.6千
版　　次	2020年11月第1版　印次　2024年5月第4次印刷
ISBN 978-7-305-23656-3	
定　　价	30.00元

网址：http://www.njupco.com
官方微博：http://weibo.com/njupco
官方微信号：njupress
销售咨询热线：(025) 83594756

* 版权所有，侵权必究
* 凡购买南大版图书，如有印装质量问题，请与所购
　图书销售部门联系调换